USO

de la gramática española

intermedio

Francisca Castro

edelsa

GRUPO DIDASCALIA, S.A.
Plaza Ciudad de Salta, 3 - 28043 MADRID - (ESPAÑA)
TEL.: (34) 914.165.511 - FAX: (34) 914.165.411

Primera edición: 1997
Primera reimpresión: 1998
Segunda reimpresión: 1998
Tercera reimpresión: 1999
Cuarta reimpresión: 2000
Quinta reimpresión: 2000
Sexta reimpresión: 2001
Séptima reimpresión: 2002

Dirección y coordinación editorial: Pilar Jiménez Gazapo.
Adjunta a dirección y coordinación editorial: Ana Calle Fernández.

Diseño de cubierta y maquetación:
Departamento de Imagen Edelsa Grupo Didascalia, S.A.
Director Departamento de Imagen y Producción: Rafael García-Gil.

Ilustraciones: Antonio Martín Esteban.
Fotomecánica y fotocomposición: Crisol, S. L.
Impresión: Pimakius.
Encuadernación: Perellón.

I.S.B.N.: 84.7711-134-0
Depósito legal: M-21535-2002
Impreso en España.
Printed in Spain.

La organización general de *Uso* **de la gramática española** es la del *syllabus* gramatical con el que los manuales de E.L.E. suelen articular la progresión del aprendizaje en sus diferentes niveles.

Su objetivo es dar a la gramática la importancia que tiene como medio para obtener competencia lingüística y, al tiempo, mayor confianza a la hora de comunicar.

Los 32 temas de *Uso* **de la gramática española** -*nivel intermedio*- presentan toda la gramática necesaria para un segundo año de español y la trabajan en una serie de ejercicios sistemáticos y graduados.

Cada tema tiene las siguientes partes:

Observe y **Forma**, que presentan los puntos gramaticales con ilustraciones y cuadros de los paradigmas. De este modo, fundamentalmente visual, se recibe una información global, clara y esquemática que servirá como elemento de consulta rápida en cualquier momento del aprendizaje.

Uso, que explica las reglas esenciales de funcionamiento de los puntos gramaticales en situación de comunicación cotidiana, con el apoyo de numerosos ejemplos.

Se ha procurado que el lenguaje esté al alcance de todos los posibles usuarios. Por tanto, se ha utilizado sólo la terminología lingüística imprescindible y las explicaciones son muy sencillas en el léxico y en la estructura.

Ejercicios, que reúnen las siguientes características:
- diseño que permite trabajar primero la forma y a continuación su uso en el contexto de la frase,
- gradación que va desde las actividades controladas hasta las de producción libre y semilibre en el interior de los temas,
- selección de vocabulario en función de la rentabilidad, la adecuación al nivel y el incremento gradual para su asimilación fácil y completa.

Uso **de la gramática española** se concibe como un material de trabajo activo, en el aula o en autoaprendizaje.

Como elementos que posibilitan la autonomía del aprendizaje, las páginas de ejercicios tienen espacios asignados para la autoevaluación: en el margen para la corrección de errores y a pie de página y a final de tema para el balance de aciertos.

Los iconos y indican ejercicios de práctica *libre* y *semilibre* respectivamente. Estos ejercicios no se incluyen en el número de aciertos de página y tema porque no tienen una solución fija.

Al final de la obra hay una serie de **Ejercicios complementarios sobre textos narrativos** cuyo objetivo es que el aprendiz practique de forma contextualizada los tiempos y modos de la narración.

La autora

Índice

USO

Tema	Pág.

	PRÓLOGO	3
1	PRETÉRITO INDEFINIDO (REGULARES e IRREGULARES)	6
2	PRETÉRITO IMPERFECTO (INDICATIVO) / PRETÉRITO INDEFINIDO	12
3	PRETÉRITO PLUSCUAMPERFECTO (INDICATIVO)	16
4	CONOCER / SABER / PODER	20
5	ESTUVE / ESTABA / HE ESTADO + GERUNDIO	26
6	A + OBJETO DIRECTO DE PERSONA	30
7	IMPERATIVO AFIRMATIVO Y NEGATIVO	32
8	PREPOSICIONES	38
9	FUTURO / CONDICIONAL	46
10	FUTURO PERFECTO. EXPRESIÓN DE PROBABILIDAD	50
11	OJALÁ, QUIZÁ(S), TAL VEZ + PRESENTE DE SUBJUNTIVO	54
12	EL GÉNERO DE LOS NOMBRES	58
13	PRONOMBRES PERSONALES (OBJETO DIRECTO e INDIRECTO)..	62
14	ESTILO INDIRECTO (INFORMACIÓN)	68
15	ESTILO INDIRECTO (ORDEN / PETICIÓN)	74
16	ORACIONES FINALES: PARA / PARA QUE / PARA QUÉ	80
17	ORACIONES TEMPORALES: CUANDO / CUÁNDO.......................	84
18	ORACIONES TEMPORALES: ANTES DE (QUE) / DESPUÉS DE (QUE...) / HASTA (QUE)	88

intermedio

Tema		Pág.
19	ARTÍCULOS DETERMINADOS e INDETERMINADOS	94
20	ESPERO / QUIERO / PREFIERO / NECESITO + INFINITIVO / QUE + SUBJUNTIVO	100
21	ES UNA PENA / QUÉ PENA / ES RARO / QUÉ RARO + QUE + PRESENTE o PERFECTO DE SUBJUNTIVO	104
22	(NO) ESTÁ CLARO, (NO) ES OBVIO... + QUE + INDICATIVO o SUBJUNTIVO. (NO) ES LÓGICO, (NO) ES NECESARIO... + INFINITIVO / + QUE + SUBJUNTIVO	108
23	SER / ESTAR	112
24	ORACIONES DE RELATIVO (1)	118
25	ORACIONES DE RELATIVO (2)	122
26	(NO) ME GUSTA / MOLESTA / IMPORTA... (QUE) + INFINITIVO o SUBJUNTIVO	126
27	(NO) PIENSO / CREO / ESTOY SEGURO DE... QUE + INDICATIVO O SUBJUNTIVO. (NO) SÉ + enlace interrogativo + INFINITIVO o INDICATIVO	130
28	ME GUSTARÍA + INFINITIVO. ME GUSTARÍA QUE + PRETÉRITO IMPERFECTO DE SUBJUNTIVO	134
29	COMPARATIVOS y SUPERLATIVOS	138
30	ORACIONES CONDICIONALES	144
31	ORACIONES CONCESIVAS	148
32	CONCORDANCIA DE TIEMPOS EN LAS ORACIONES SUBORDINADAS	152
Ejercicios complementarios sobre textos narrativos		157

PRETÉRITO INDEFINIDO (REGULARES e IRREGULARES)

Observe

¿Dónde **nació**?
¿Dónde **vivió** de pequeño?
¿Dónde **estudió** canto?
¿Por qué **empezó** a estudiar?
¿Quién **fue** su primer maestro?
¿Cuál **fue** su primera actuación importante?

A ver si adivinas *(guess)* quién es: **nació** en Madrid en 1945. **Tuvo** un accidente en 1963 y **empezó** a cantar en el hospital. **Se hizo** famoso con la canción "Gwendoline"...

¡Julio Iglesias!

forma

PRETÉRITO INDEFINIDO

• **VERBOS REGULARES**

	hablar	comer	vivir
(yo)	habl-**é**	com-**í**	viv-**í**
(tú)	habl-**aste**	com-**iste**	viv-**iste**
(él/ella/Vd.)	habl-**ó**	com-**ió**	viv-**ió**
(nosotros/-as)	habl-**amos**	com-**imos**	viv-**imos**
(vosotros/-as)	habl-**asteis**	com-**isteis**	viv-**isteis**
(ellos/-as/Vds.)	habl-**aron**	com-**ieron**	viv-**ieron**

• VERBOS IRREGULARES

Los pretéritos indefinidos de los verbos irregulares más frecuentes son:

	SINGULAR			PLURAL		
	1ª	2ª	3ª	1ª	2ª	3ª
andar	**anduve**	**anduviste**	**anduvo**	**anduvimos**	**anduvisteis**	**anduvieron**
conducir	**conduje**	**condujiste**	**condujo**	**condujimos**	**condujisteis**	**condujeron**
dar	**di**	**diste**	**dio**	**dimos**	**disteis**	**dieron**
decir	**dije**	**dijiste**	**dijo**	**dijimos**	**dijisteis**	**dijeron**
dormir	**dormí**	**dormiste**	**durmió**	**dormimos**	**dormisteis**	**durmieron**
estar	**estuve**	**estuviste**	**estuvo**	**estuvimos**	**estuvisteis**	**estuvieron**
hacer	**hice**	**hiciste**	**hizo**	**hicimos**	**hicisteis**	**hicieron**
ir	**fui**	**fuiste**	**fue**	**fuimos**	**fuisteis**	**fueron**
leer	**leí**	**leíste**	**leyó**	**leímos**	**leísteis**	**leyeron**
pedir	**pedí**	**pediste**	**pidió**	**pedimos**	**pedisteis**	**pidieron**
poder	**pude**	**pudiste**	**pudo**	**pudimos**	**pudisteis**	**pudieron**
querer	**quise**	**quisiste**	**quiso**	**quisimos**	**quisisteis**	**quisieron**
saber	**supe**	**supiste**	**supo**	**supimos**	**supisteis**	**supieron**
ser	**fui**	**fuiste**	**fue**	**fuimos**	**fuisteis**	**fueron**
tener	**tuve**	**tuviste**	**tuvo**	**tuvimos**	**tuvisteis**	**tuvieron**
traer	**traje**	**trajiste**	**trajo**	**trajimos**	**trajisteis**	**trajeron**
venir	**vine**	**viniste**	**vino**	**vinimos**	**vinisteis**	**vinieron**
poner	puse	pusiste	puso	pusimos	pusisteis	pusieron

Igual que *conducir*   ⟶   *producir, traducir*
Igual que *dormir*   ⟶   *morir*
Igual que *hacer*   ⟶   *rehacer*
Igual que *leer*   ⟶   *caer(se), construir, destruir, huir, oír*
Igual que *pedir*   ⟶   *despedir, divertirse, vestir(se), sentir*
Igual que *poner*   ⟶   *componer, disponer, proponer*
Igual que *saber*   ⟶   *caber*
Igual que *tener*   ⟶   *detener(se), obtener*

• Verbos con modificación ortográfica en la primera persona del singular para conservar la pronunciación:

buscar	**busqué**	buscaste	buscó	buscamos	buscasteis	buscaron
llegar	**llegué**	llegaste	llegó	llegamos	llegasteis	llegaron
cruzar	**crucé**	cruzaste	cruzó	cruzamos	cruzasteis	cruzaron

Igual que *buscar*   ⟶   *acercar, equivocarse, embarcar*
Igual que *llegar*   ⟶   *jugar*
Igual que *cruzar*   ⟶   *cazar*

···· USO ··

1. Se usa el Pretérito Indefinido para hablar de acciones pasadas y acabadas, sin relación con el Presente:

> *El lunes pasado **vi** a Jaime en el dentista.*

2. Normalmente va acompañado de marcadores temporales que sitúan la acción. De ahí su utilización en las biografías:

> ***Recibí*** *tu carta **en abril**.*
> *Miguel de Cervantes **murió en 1616**.*

3. Otras veces lo acompañan marcadores que delimitan la acción:

> *Mi tío **vivió** en Chile **muchos años /hasta 1969 /bastante tiempo**.*

4. Puede usarse para acciones que se repiten:

> *Después de la muerte de Ernesto, **fui a visitar** a su madre **varias veces**.*

ejercicios

correcciones

1. Escriba la forma correspondiente del Pretérito Indefinido.

Ej.: *1. DETENERSE, él*   <u>*él se detuvo*</u>

2. VOLVER,	tú	volviste
3. DESPEDIRSE,	ellos	se despidieron
4. TRAER,	él	trajo
5. CONSTRUIR,	ella	construyó
6. EMPEZAR,	nosotros	empezamos
7. DESCUBRIR,	yo	descubrí
8. COMPONER,	él	compuso
9. SENTIR,	yo	sentí
10. OBTENER,	yo	obtuve
11. OÍR,	ellos	oyeron
12. VESTIR,	ella	vistió
13. MORIR,	ella	murió
14. HACER,	vosotros	hicisteis
15. TENER,	yo	tuve
16. ESTAR,	Vd.	estuvo

2. Complete las frases con el verbo en Pretérito Indefinido. Observe su uso.

Ej.: *1. En el viaje de vuelta <u>condujo</u> mi marido. (conducir)*

2. Esta novela la *tradujo* Pedro Salinas del francés. (traducir) *translate*
3. Después de la boda, los invitados *durmieron* hasta muy tarde. (dormir)

aciertos___ / 17

correcciones

4. Nosotros ...*sentimos*... ~~shame~~ vergüenza cuando (ellos) ...*dijieron*... aquello. (sentir, decir)
5. El consejero de Sanidad ...*propuso*.... continuar la discusión por la tarde. (proponer)
6. Al camarero se le ...*cayó*........ los cubiertos al suelo. (caer)
7. El acueducto de Segovia lo ...*construyeron* los romanos. (construir)
8. Yo no ...*ataqué*...... a nadie, sólo dije la verdad. (atacar)
9. Al final ...*cupieron*. todos en el coche de Juanjo. (caber) *cubieron*
10. Sí, creo que yo *me equivoqué* .(equivocarse)
11. ¿Dónde estabas?, ayer te ...*busqué*.... por todas partes y no te ...~~viste~~ *vi*.(buscar, ver)
12. Cuando terminó la Guerra Civil, (yo) *embarqué*.. para Argentina con todos mis compañeros republicanos. (embarcar)
13. Estamos agotados, ayer .*anduvimos* diez kilómetros por el monte. (andar)
14. Mi madre nunca .*supo*........ la verdad. (saber)
15. ¿No te contestaron? A lo mejor no ...*oyeron*... el teléfono. (oír)   A lo mejor = probably/maybe
16. Mi padre ...*sintió*..... mucho la muerte de mi madre. (sentir)
17. El niño ..*deshizo*... el castillo de arena. (deshacer)~~+undo~~
18. El otro día (yo) ...*llegué*...... tarde a la exposición de pintura. (llegar)
19. El verano pasado .....*llovió*... más que éste. (llover)
20. Andrés dice que el sábado *se divirtió*... muchísimo en casa de Amparo. (divertirse)

3. Complete el cuadro.

Ej.: 1. Hago.   *hice*

2. Salgo.   *Salir = salí*
3. Conduzco. *conducir = conduje*
4. Mueren. *morir = murieron*
5. Devuelve. *devolver = devolvió*
6. Dispongo. *disponer = dispuse*
7. Puedes. *poder = pudiste*
8. Sabes. *saber = supiste*
9. Da. *dar = dió*
10. Acerco. *acercar = acerqué*
11. Quiere. *querer = quiso*
12. Traemos. *traer = trajimos*
13. Vienen. *venir = vinieron*
14. Destruye. *destruir = destruyó*
15. Producen. *producir = produjeron*
16. Compone. *Componer = compuse* →to put together
17. Sentís. *sentir = sentisteis*
18. Dormís. *dormir = dormisteis*
19. Pido. *pedir = pedí*
20. Repite. *repetir = repetió*

4. Formule la pregunta como en el ejemplo.

Ej.: 1. (A qué hora / levantarse / ayer)
¿A qué hora te levantaste ayer?

2. (Dónde / estar / entre las 3 y las 5)
¿Dónde estuviste entre las 3 y las 5?

3. (A quién / le / decir eso)
   ¿A quién te dijo eso?

4. (En qué hotel / estar / la última vez)
   ¿En qué hotel estuviste la última vez?

5. (Dónde / poner / la carta de María)
   ¿Dónde pusiste la carta de María?

6. (Con quién / jugar al tenis / el domingo)
   ¿Con quién jugaste al tenis el domingo?

7. (A qué hora / llegar / anoche a casa)
   ¿A qué hora llegaste anoche a casa?

8. (Por qué / deshacer / el jersey nuevo)
   ¿Por qué deshiciste el jersey nuevo?

9. (Dónde / nacer)
   ¿Dónde naciste?

10. (Cuándo / obtener / la beca) scholarship
    ¿Cuándo obtuviste la beca?

11. (Cómo / saber / la noticia del premio)
    ¿Cómo supiste la noticia del premio?

12. (Cuánto dinero / le / dar / a Juanito)
    ¿Cuánto dinero te diste a Juanito?

13. (Cómo / poder / hacerme / esa faena)
    ¿Cómo pudiste hacerme esa faena?

beca = scholarship

premio = award

faena = task/work

5. Haga lo mismo pero con USTED.

Ej.: 1. (A qué hora / levantarse / ayer)
   ¿A qué hora se levantó ayer?

2. (Dónde / estar / entre las 3 y las 5)
   ¿Dónde estuve Ud. entre las 3 y las 5?

3. (A quién / le / decir eso)

4. (En qué hotel / estar / la última vez)

5. (Dónde / poner / la carta de María)

6. (Con quién / jugar al tenis / el domingo)

7. (A qué hora / llegar / anoche a casa)

8. (Por qué / deshacer / el jersey nuevo)

9. (Dónde / nacer)

10. (Cuándo / obtener / la beca)

11. (Cómo / saber / la noticia del premio)

12. (Cuánto dinero / le / dar / a Juanito)

13. (Cómo / poder / hacerme / esa faena)

6. Y ahora con VOSOTROS.

Ej.: *1. (A qué hora / levantarse / ayer)*
 ¿A qué hora os levantasteis ayer?

2. (Dónde / estar / entre las 3 y las 5)
....

3. (A quién / le / decir eso)
....

4. (En qué hotel / estar / la última vez)
....

5. (Dónde / poner / la carta de María)
....

6. (Con quién / jugar al tenis / el domingo)
....

7. (A qué hora / llegar / anoche a casa)
....

8. (Por qué / deshacer / el jersey nuevo)
....

9. (Dónde / nacer)
....

10. (Cuándo / obtener / la beca)
....

11. (Cómo / saber / la noticia del premio)
....

12. (Cuánto dinero / le dar / a Juanito)
....

13. (Cómo / poder / hacerme / esa faena)
....

7. Complete las frases con uno de los verbos del recuadro en Pretérito Indefinido.

caber	huir	llegar	caerse ~fall down	dormir
devolver	destruir	producir	resbalar	detener

huir = run away from
resbalar = slip/slide/slither
detener = stop/delay/hold up

Ej.: *1. Aquel año España produjo tanto vino como Francia.*

2. Al final, todos los pasajeros ...cupieron... en el mismo autocar.
3. Como no les gustaba el sofá, lo ...devolvieron... a la tienda de muebles.
4. Ayer, cuando ...llegué...... a mi casa, mis hijos no estaban.
5. En la guerra, los enemigos ...destruyeron... todo lo que encontraron.
6. El asesino ...huyó........ antes de que llegara la policía.
7. El coche ...resbaló..... a causa del hielo *ice* y luego ...se cayó....... por un terraplén.
8. La policía ...detuvo....... a los ladrones cuando salían del banco.
9. Como no encontramos hotel, ...dormimos... en una pensión barata.

asesino = murderer/assassin
terraplén = embankment

aciertos___ / 21

Tema 1. Puntuación total ___ / 100

PRETÉRITO IMPERFECTO (INDICATIVO) / PRETÉRITO INDEFINIDO

 **Observe**

Pues que ayer **se comió** todas las croquetas que **había** y hoy está malo, el pobre

Cuando yo **era** joven **se puso de moda** la minifalda y los chicos **tocaban** la guitarra en la calle y **cantaban** canciones de amor, paz y libertad

¡Ahí va! ¿Qué le pasa a Toy?

1

2

forma

Terminaciones			
PRETÉRITO IMPERFECTO		**PRETÉRITO INDEFINIDO**	
-ar	**-er / -ir**	**-ar**	**-er / -ir**
-aba	-ía	-é	-í
-abas	-ías	-aste	-iste
-aba	-ía	-ó	-ió
-ábamos	-íamos	-amos	-imos
-abais	-íais	-asteis	-isteis
-aban	-ían	-aron	-ieron

···· USO ···

Pretérito Imperfecto

1. Se usa para hablar de acciones habituales y repetidas en el pasado:

*Antes **venía** en metro, pero ahora vengo en mi coche.*
*Mi abuelo **trabajaba** en una fábrica de zapatos.*

2. También lo usamos para describir en el pasado:

*La casa de mis padres **estaba situada** en el centro del pueblo. **Se entraba** a ella por una puerta grande de hierro que **daba** a la plaza. La casa **tenía** tres plantas.*

3. Nos presenta la acción en su desarrollo: ~development/unfolding~

*Mientras todos **charlaban**, Juan **miraba** por la ventana.*

Pretérito Indefinido

Se usa para hablar de acciones que queremos delimitar, acabar en el pasado. Esas acciones pueden ser únicas o repetidas. Para delimitarlas suele haber un marcador temporal explícito o implícito en el contexto: ~usually~

*A. ¿Qué **hicisteis** en Semana Santa?*
*B. **Fuimos** a París, ¿y vosotros?*
*La semana pasada **cogí** el metro tres veces.*
*Los Martínez **estuvieron** en EE.UU. **mucho tiempo**.*
*En abril **fuimos** a París.*

Pretérito Imperfecto / Pretérito Indefinido

Cuando aparecen juntos, el Pretérito Indefinido nos sirve para expresar la acción principal, mientras que el Pretérito Imperfecto, por su valor descriptivo, describe la causa o circunstancias en las que se desarrolla la acción principal:

*El niño **se comió todos los bombones que había** en la caja.*
*Cuando **tenía 18 años se fue** de la casa de sus padres porque su padre era muy autoritario.*

ejercicios

corecciones

1. ¿Qué hacía Vd. cuando tenía 18 años? Escriba frases afirmativas o negativas.

Ej.: *1. (Tocar la guitarra.) Yo tocaba la guitarra*
(o nunca tocaba la guitarra).

2. (Salir con los amigos/as.) — *Salía con los amigos*
3. (Escribir poemas.) — *Nunca escribía poemas*
4. (Tener novio/a.) — *Nunca Tenía novio.*
5. (Estudiar mucho.) — *Estudia mucho.*
6. (Jugar al fútbol.) — *Nunca jugaba al fútbol - jugaba al tenis*
7. (Trabajar.) — *Trabajaba un poco.*
8. (Tener moto.) — *Nunca tenía moto - tenía coche.* | *moto =*
9. (Llevar ropa moderna.) — *A veces llevaba ropa moderna*

Subrayar = underline

2. Subraye el tiempo que crea más adecuado.

Ej.: *1. Cuando vivimos / viviamos en Roma conocíamos a muchos italianos que estudiaban / estudiaron Económicas.*

aciertos___ / 8

2. No me _compré_ / compraba las botas porque _eran_ / fueron demasiado caras.

3. La casa que se _compraron_ / compraban Paco y Blanca en la playa no _tenía_ / tuvo jardín.

4. El domingo veía _/ vi_ una película en la que actuó / _actuaba_ Antonio Banderas.

5. Cuando fui / _era_ pequeña me _regalaron_ / regalaban una muñeca que _hablaba_ / habló.

6. El tren que _cogimos_ / cogíamos para Sevilla no fue / _iba_ en la dirección que nosotros quisimos / _queríamos_.

7. El otro día Alejandro _se comió_ / comía todas las galletas que hubo / había en la caja.

8. Cuando yo fui / _era_ joven, a mi padre no le _gustaban_ / gustaron los chicos que llevaron / _llevaban_ el pelo largo y _tocaban_ / tocaron la guitarra eléctrica.

9. A. ¿Qué hacías / _hiciste_ cuando _tenías_ / tuviste 10 años?
   B. Pues lo normal, fui / _iba_ al colegio, _jugaba_ / jugué con otros niños... y una vez me _caí_ / caía de la bici y me rompía / _rompí_ un brazo.

10. Durante mucho tiempo, Jorge _era_ / fue mi mejor amigo. _Íbamos_ / Fuimos juntos a clase y los fines de semana _íbamos_ / fuimos al cine o al fútbol. Pero un día, él empezaba / _empezó_ a salir con una chica que _estudiaba_ / estudió periodismo y yo me fui / _iba_ a vivir a Guadalajara.

3. Complete los huecos con el verbo entre paréntesis en la forma más conveniente: Pretérito Imperfecto o Pretérito Indefinido.

Ej.: *1. Mientras un avión despegaba, otro aterrizaba.*

2. Mientras (estudiar)..............., Daniel (mantenerse)............... con el dinero que le mandaba su familia.
3. A. ¿Y los niños?
   B. No sé, hace un momento (estar) .... en el patio.
4. El sábado por la tarde (salir, nosotros) .... a comprar, pero todas las tiendas (estar) .... cerradas.
5. A. ¿Has visto la exposición de Juan Gris?
   B. Sí, (ir) .... el domingo pero no (gustar)............... nada.
6. A. ¿Qué tal el viaje?
   B. Fatal, el hotel (estar) .... muy lejos del centro, las habitaciones (ser) .... muy pequeñas y además, no (estar) .... muy limpias.
7. A. ¿Qué tal las vacaciones?
   B. Muy bien, (pasarlo, nosotros) .... estupendamente.
8. Ayer (llamar, yo) .... a Sandra, pero no (estar) .... en casa.
9. Él (querer) .... llegar a tiempo a la reunión, pero el coche (estropearse) .... y (llegar) .... tarde.
10. Después de comer, siempre (encender) .... un cigarrillo.
11. Antes de casarnos, ni Luis ni yo (tener) .... trabajo fijo.
12. El hospital donde (operarse, yo) .... de la garganta (ser) .... muy pequeño y (estar) .... cerca de mi casa.

13. Hasta que Fleming *(descubrir)* .... la penicilina, muchas enfermedades *(ser)* .... incurables.
14. *(Dejar, yo)* .... de salir con Laura porque nunca *(tener, nosotros)* .... nada que decirnos.

4. Complete la historia con los verbos del recuadro en el tiempo adecuado.

				find out/get to know	
tener	─casarse	─comenzar	enterarse	─tener
llevar	─ser	*ver*	ir	─ser

Yo *vi* a mi marido por primera vez en 1968. (Él) *era* un viejo amigo de mi *husband* familia. Cuando yo *tenía* 19 años, mi madre me .... a Suecia *Sweden* a conocerlo. Pero el romance *comenzó* cuando él .... a vernos a Roma. *Nos casamos* el 23 de agosto de 1976. *Fue* una boda muy sencilla. Ni siquiera mi madre ...*fue*........ Tampoco (nosotros) ...*tuvimos*.... ninguna celebración.

tuvimos

aciertos__ / 13

5. Complete las frases libremente.

1. Ayer no vine a clase porque ....
....

2. Luis el verano pasado conoció a una chica que ....
....

3. Como el jueves era mi cumpleaños, ...
....

4. Hemos pasado las vacaciones en un hotel que ....
....

5. Como el domingo había un partido de fútbol en la tele, yo ....
....

PRETÉRITO PLUSCUAMPERFECTO (INDICATIVO)

Observe

chado done

Cuando llegaron los bomberos la casa ya **había ardido**

burned

1

¡Qué impresionante! Nunca **había visto** nada igual

2

forma

PRETÉRITO PLUSCUAMPERFECTO (INDICATIVO)	Pretérito imperfecto de HABER (Indicativo) + Participio pasado

Pretérito imperfecto de HABER	Participio pasado
(yo) **había**	
(tú) **habías**	
(él/ella/Vd.) **había**	cantado / bebido / salido
(nosotros/-as) **habíamos**	
(vosotros/-as) **habíais**	
(ellos/-as/Vds.) **habían**	

Participios irregulares:

abrir	⟶	**abierto**
decir	⟶	**dicho**
escribir	⟶	**escrito**
freír	⟶	**freído, frito**
hacer	⟶	**hecho**
morir	⟶	**muerto**
poner	⟶	**puesto**
resolver	⟶	**resuelto**
romper	⟶	**roto**
volver	⟶	**vuelto**
ver	⟶	**visto**

1. Con el Pretérito Pluscuamperfecto expresamos <u>acciones pasadas que son anteriores a otras</u>:

  Ayer, **cuando volví a casa**, Tere **ya había hecho la comida**.

2. También se utiliza en correlación con el Pretérito Perfecto:

  ¿Sabes? **hoy he visto** un tiburón de verdad. **Yo antes nunca había visto** uno.
  ↳ shark

ejercicios

correcciones

1. Escriba el participio de estos verbos.

Ej.: 1. SALIR	<u>salido</u>	
2. ABRIR	abierto	
3. ESCRIBIR	escrito	
4. GUARDAR	guardado	
5. EMPEZAR	empezado	
6. PONER	puesto	
7. RESPONDER	respondido	
8. ROMPER	roto	
9. IR	ido	
10. QUEMAR	quemado	→ to burn
11. BEBER	bebido	
12. COMPRAR	comprado	
13. VER	visto	
14. VOLVER	vuelto	
15. CRUZAR	cruzado	
16. ENVOLVER	envuelto	
17. FREÍR	frito	
18. MORIR	muerto	
19. RESOLVER	resuelto	
20. DECIR	dicho	

2. Siga el modelo.

Ej.: 1. ESTAR	<u>Yo había estado.</u>	
2. SER, ellos	habían sido	
3. DAR, nosotros	habíamos dado	
4. DESPERTARSE, ella	se había despertado	→ to wake up
5. ABRIR, tú	habías abierto	
6. HACER, nosotros	habíamos hecho	
7. LEVANTARSE, vosotros	os habíais levantado	

aciertos___ / 25

ejercicios

8. DIVORCIARSE, yo — *me había divorciado*
9. OÍR, vosotros — *habíais oído*
10. DESPEDIRSE, tú — *te habías despedido* → to say goodbye

3. Complete el cuadro.

AHORA / HOY	ANTES DE AHORA
Ej.: 1. ...he visto una procesión,	no *había visto* ninguna.
2. *he comido* paella, (comer)	no *había probado* (probar) — probar =
3. *me he bañado* en el mar, (bañarse)	no *había hecho* nunca (hacer)
4. *he leído* una novela, (leer)	no *había escrito* ninguna. (escribir)
5. *he trabajado* en una película, (trabajar)	no *había hecho* cine nunca. (hacer)

4. Subraye el tiempo adecuado.

Ej.: 1. Barcelona es una ciudad que <u>ha cambiado</u> /cambió mucho desde la última vez que estuve allí.

2. A. ¿<u>Has estado</u> /habías estado antes en Amsterdam?
   B. Sí, estuve aquí en 1991. Esta es la segunda vez que vengo.
3. A. ¿Qué tal está Sergio?
   B. Vaya. Lo vi hace un par de meses y me dijo que *ha tenido / había tenido* un accidente con la moto, pero ya estaba mejor.
4. A. ¿<u>Has terminado</u> / habías terminado ya lo que tenías que hacer?
   B. Sí, ahora mismo.
5. Cuando la policía llegó, los ladrones ya *han destrozado* / <u>habían destrozado</u> todo el mobiliario. → furniture / household goods — destrozar: to break/destroy
6. ¡Madre mía!, ¡qué casa! Ésta es la casa más lujosa que <u>he visto</u> / había visto en mi vida.
7. ¿No lo sabes? El juez *ha declarado* / había declarado inocente a Félix porque no habían *encontrado* / han encontrado pruebas suficientes. — juez = judge; pruebas = proof / evidence
8. El otro día iba por la calle y se me acercó una mujer que *yo no he visto* / <u>había visto</u> antes en la vida y se puso a hablar conmigo.
9. El profesor se enfadó muchísimo conmigo porque no *he hecho* / <u>había hecho</u> los deberes. — enfadar = anger / offend / irritate

5. Haga la transformación necesaria, según el modelo.

Ej.: 1. (Yo / llegar / a casa. Tomás / salir)
<u>Cuando llegué a casa, Tomás había salido.</u>

2. (Yo / ir a verlos. Ellos / desayunar)
....
3. (Nosotros / llegar a la estación. El tren / salir)
....

aciertos__ / 22

4. (Nosotros / ir a comprar. Los almacenes / cerrar)

....

5. (Yo / volver a ver a Lola. Lola / casarse)

....

6. (Yo / llamar a Nicolás. Nicolás / enterarse de la noticia)

....

6. Imagine que el otro día se encontró con una amiga que estaba muy contenta por varias razones. Usted se lo cuenta a otro conocido-a. Utilice el Pretérito Pluscuamperfecto.

"El otro día me encontré con Amparo y la encontré muy contenta. Me dijo que su hija (tener) .... un hijo, que su marido (jubilarse) ...., que su hijo mayor (encontrar) .... trabajo y que el pequeño (irse) .... al extranjero con una beca. También me contó que (vender) .... el piso y (comprar)................. un chalé cerca de la playa".

aciertos__ / 9

CONOCER / SABER / PODER

Observe

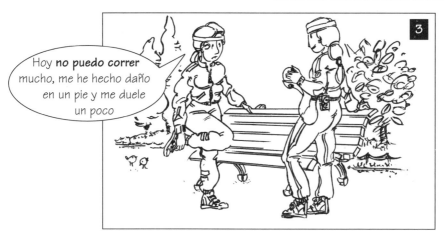

forma

Conocer	+	Sustantivo
Saber	+	Infinitivo, otra oración
Poder	+	Infinitivo

Presente de Indicativo	conocer	saber	poder
	conozco	sé	puedo
	conoces	sabes	puedes
	conoce	sabe	puede
	conocemos	sabemos	podemos
	conocéis	sabéis	podéis
	conocen	saben	pueden

···· USO ··

• CONOCER

1. *Conocer algo* o *a alguien* significa que hemos tenido alguna experiencia de la cosa (o persona) conocida. Se puede conocer: un libro, una película, un lugar, a una persona, etc.

> Obsérvese el uso de la preposición **a** cuando el Objeto Directo es una persona:
> A. ¿***Conoces al marido*** *de Pura?*
> B. *Sí, me lo presentó hace poco en una cena.*

> *Vamos a tomar algo. Yo* **conozco un sitio** *por aquí donde ponen unas tapas buenísimas.*

• SABER

1. Se utiliza para hablar de habilidades aprendidas, como pueden ser *nadar, dibujar, hablar un idioma*, etc.:

> A. ¿***Sabes hablar*** *árabe?*
> B. *Sí, ¿por qué lo preguntas?*

2. También se usa para hablar del conocimiento que se tiene o no se tiene de una información:

> A. ¿***Sabes que*** *María se ha casado?*
> B. *No, no lo sabía.*
> > A. ¿***Sabes quién*** *viene esta tarde?*
> > B. *No, ¿quién?*
> > A. *Emilio Pérez.*
> > > ¿***Sabe usted cómo*** *se va a la Plaza Mayor?*

• PODER

1. Expresa la posibilidad o capacidad de hacer algo:

> ***Ella puede correr*** *los 1000 metros sin parar y tú, no.*
> ***Yo sé tocar*** *el piano, pero hoy* **no puedo tocar** *nada, me duele mucho la cabeza.*

2. También se usa con un verbo en infinitivo para pedir permiso o dar órdenes e instrucciones:

> ¿***Puedo sentarme*** *aquí?*
> *Juan, ¿****puedes sentarte de una vez****?*

• SABER / CONOCER

Algunas veces **poder** y **conocer** se usan en los mismos casos, son sinónimos:

1. Cuando **conocer** significa enterarse o estar enterado de un suceso o una noticia:

> *Conozco / Sé **las dificultades** de este trabajo.*
> *Hoy **las noticias se conocen / se saben** al momento en cualquier parte del mundo.*

2. Cuando queremos expresar el hecho de tener conocimiento, ideas sobre una materia o ciencia:

> *Ramón* **conoce / sabe su oficio.**
> *¿Conoces / sabes la teoría de la relatividad?*

 *ejercicios*

correcciones

1. Pregúntele a un amigo-a sobre sus habilidades y luego rellene este cuadro.

	SABE	NO SABE
TOCAR EL PIANO	....	....
JUGAR AL AJEDREZ	....	....
CONDUCIR (UN COCHE)	....	....
MONTAR A CABALLO	....	....
HACER PASTELES	....	....
PINTAR (CUADROS)	....	....
COSER	....	....

Después, escriba frases sobre ello.

.... (no) sabe tocar el piano.

....

....

....

....

....

....

También puede hacerlo sobre Vd. mismo.

Yo (no) sé tocar el piano.

....

....

....

....

....

....

2. Complete las preguntas con el verbo CONOCER o SABER, según convenga.

> Ej.: *1. ¿(Tú) conoces México, D.F.?*

2. ¿(Tú) .... al marido de Concha?
3. ¿(Tú) .... jugar al rugby?
4. ¿ .... Vd. dónde vive el gerente?
5. ¿(Tú) .... quién vino ayer a casa?
6. ¿ .... Vd. a la nueva ayudante de producción?
7. ¿ .... la última obra de G. García Márquez?

aciertos__ / 6

8. ¿(Tú) .... dónde puso Laura mi agenda?
9. ¿ .... Vd. algo más del asunto del que le hablé?
10. ¿(Tú) .... quién era el verdadero propietario de la empresa?

3. Complete las frases con SABER o PODER en el tiempo adecuado.

Ej.: 1. Ayer no _pude_ venir a trabajar porque tenía que hacer unos recados.

2. A. ¿Quieres un caramelo?
   B. No, gracias, no .... comer dulces, el médico me lo ha prohibido.
3. Desde mi terraza se .... ver la Sierra de Gredos.
4. Mi profesor de inglés no .... hablar ni una palabra de español.
5. ¿Tú .... escribir a máquina sin mirar?
6. Parece que esos jugadores no .... bien el reglamento.
7. ¿................. llevar una moto?
8. Yo, sin gafas, no .... ver nada.
9. Los niños no .... ir solos al colegio porque no les han enseñado.
10. Los niños no .... ir solos al colegio porque aún son muy pequeños.
11. ¿................. decirme a qué hora sale el próximo avión para Barcelona?
12. Niños, ¿................. hacer el favor de apagar la tele y hacer los deberes?
13. ¿Alguien .... cómo se arregla esto?
14. Como me llamaron por teléfono tan de repente, no .... terminar de cenar.
15. Cuando nos preguntó la policía sobre el accidente, no .... qué contestar.

4. Pida un favor con ¿PUEDE / PUEDES / PODÉIS / PUEDEN + INFINITIVO?, según la situación.

1. En el restaurante, en la mesa de al lado tienen aceiteras y en su mesa no. Usted tiene que aliñar la ensalada:
   ....
   ....
2. Los niños están haciendo mucho ruido. A Vd. le duele la cabeza.
   ....
   ....
3. Necesita coger un autobús para ir al centro, pero no sabe exactamente cuál es el que va para allá.
   ....
   ....
4. Tiene un billete de 50 euros y necesita monedas y billetes más pequeños. Entra en un banco.
   ....
   ....
5. A la salida del trabajo, un compañero suyo tiene coche y va en su misma dirección. Usted tiene el coche en el taller.
   ....

6. El profesor ha explicado algo, pero no le ha entendido bien.

....

....

7. Los vecinos tienen una reunión familiar. Son las 2 de la mañana. Usted no puede dormir.

....

....

5. Complete con CONOCER / SABER / PODER.

Ej.: *1. Eulalia no* <u>*sabe*</u> *hacer pasteles.*

2. Él dice que .... no venir a verte mañana.
3. Yo no .... el nombre de su calle.
4. Pocas personas .... el secreto de la pirámide.
5. Nosotros .... recogerte a las siete en punto.
6. Ellos no .... bailar flamenco.
7. ¿ .... (vosotros) decirme dónde están los papeles del seguro?
8. ¿ .... (tú) a la responsable del informativo de la tarde?
9. ¿ .... hablar con usted un momento, Sr. Pérez?
10. ¿Quién .... la dirección del Sr. Fernández?
11. Aquí nadie .... cómo se cambia el papel de la fotocopiadora.
12. ¿Quién .... al nuevo Director General?
13. ¿Cómo .... (tú) estudiar con tanto ruido?
14. ¿Desde cuándo .... este restaurante?
15. ¿Cómo .... nadar tan bien?
16. ¿Alguien .... el último disco de Los Toreros?
17. Hoy no .... nadar más.

aciertos___ / 16

6. Pida permiso con la forma PUEDO / PODEMOS + INFINITIVO, según la situación.

1. En el parque. Hay un banco ocupado sólo por una persona y queda sitio para alguien más. Ustedes quieren sentarse.

....

....

....

2. Su teléfono se ha estropeado y necesita hacer una llamada. Va a casa de su vecino.

....

....

....

3. En la farmacia. Hay unas revistas / folletos en el mostrador y Vd. quiere uno.

....

....

....

4. Su bicicleta está rota y quiere hacer una excursión mañana. Se la pide a su hermano.

    ....

    ....

    ....

5. Estáis cenando en casa de unos amigos. Os han servido un plato muy rico y os lo habéis terminado. Ahora queréis serviros más de la fuente.

    ....

    ....

    ....

ESTUVE / ESTABA / HE ESTADO + GERUNDIO

Observe

Cuando **estaba esperando** el autobús le robaron el monedero

Anoche **estuvimos hablando** hasta las 3 de la mañana

1

2

¡Pobrecillos! La niña de los vecinos **ha estado llorando** toda la tarde

3

forma

Verbo ESTAR	Imperfecto (Indicativo)	Pretérito Indefinido	Pretérito Perfecto (Indicativo)	
(yo)	estaba	estuve	he estado	
(tú)	estabas	estuviste	has estado	
(él/ella/Vd.)	estaba	estuvo	ha estado	+ GERUNDIO
(nosotros/-as)	estábamos	estuvimos	hemos estado	
(vosotros/-as)	estabais	estuvisteis	habéis estado	
(ellos/-as/Vds.)	estaban	estuvieron	han estado	

```
···· USO ··········································································
```

ESTABA CANTANDO / ESTUVE CANTANDO

1. Estaba cantando se opone a **estuve cantando** de la misma forma que **cantaba** se opone a **canté**:

> *Ayer **estuve esperando** el autobús mucho rato.*
> *Cuando **estaba esperando** el autobús, me robaron el monedero.*
> *La otra noche **estuvimos hablando** de las elecciones.*
> *Mientras nosotras **estábamos hablando** de las elecciones, ellas **estaban bailando**.*

2. El valor de habitualidad del Pretérito Imperfecto no puede expresarse con la forma perifrástica **estar + gerundio**:

> *Antes ~~estaba durmiendo~~ todos los días la siesta, pero ahora no.*

Hay que decir:

> *Antes **dormía** todos los días la siesta, pero ahora no.*

3. Hay una serie de verbos que no admiten habitualmente la forma perifrástica **estar + gerundio**: *ir, tener, venir, volver*

> *Cuando **volvía** del trabajo, me encontré a un amigo.*

HE ESTADO CANTANDO

Se utiliza con los mismos marcadores temporales que el Pretérito Perfecto, haciendo hincapié en la duración de la acción:

> *Esta mañana la niña **ha estado llorando** un buen rato.*

ejercicios

correcciones

1. ¿Qué estaban haciendo ayer a las 5 de la tarde, cuando empezó el incendio?

> Ej.: *1. Ramón / dormir la siesta* <u>*Ramón estaba durmiendo la siesta*</u>.

2. Los niños / salir del colegio . . . .
3. Carlos y su mujer / fregar los platos . . . .
4. Nosotros / prepararse para salir . . . .
5. Ángel / tender la ropa . . . .
6. Mi mujer / esperar el metro . . . .
7. Mi abuela / merendar té y pastas . . . .
8. Mi abuelo / oír las noticias . . . .

27   uso *intermedio*

aciertos___ / 7

2. Complete con el verbo adecuado; ESTABA o ESTUVO + GERUNDIO.

> Ej.: 1. El sábado por la noche (bailar, nosotros)
> <u>estuvimos bailando en la fiesta del pueblo hasta
> las cuatro de la mañana.</u>

2. A. Ayer te llamé a las 8 de la tarde y no te encontré.
    B. A esa hora *(regar)* .... las plantas de la terraza.
3. Mientras los Martínez *(ver)* .... el partido por la tele, los vecinos *(dormir)* .... en el sofá.
4. A. ¿Qué hicisteis ayer?
    B. *(cenar)* .... en casa de un compañero de Antonio.
5. Cuando llamó mi madre, yo *(preparar)* .... las bebidas para los invitados.
6. Los parlamentarios *(discutir)* .... ese tema varias horas y, al final, no solucionaron nada.
7. El otro día *(tomar, nosotros)* .... unas copas en un bar, cuando llegó Lupe, la ex-mujer de Fernando.
8. A. Niños, de dónde venís?, ¿qué *(hacer)* .... en vuestro cuarto?
    B. Nada, mamá, sólo *(jugar)* .... al fútbol.
9. Laura se cayó de la escalera cuando *(arreglar)* .... la lámpara del salón.
10. En 1989 *(ver)* .... la casa de Mozart en Praga.

3. En las siguientes frases, subraye la forma conveniente.

> Ej.: 1. Cuando estaba siendo / <u>era</u> niño, mis padres me llevaron una
> vez al circo.

2. Ayer no fui al concierto de rock porque *me estaba encontrando / encontraba* mal.
3. Cuando sonó el teléfono, *yo me estaba duchando / duchaba*.
4. Empezó a llover cuando *estábamos volviendo / volvíamos* a casa.
5. Mi marido se rompió varias costillas cuando *estaba pintando / pintaba* el techo del sótano.
6. Nosotros *estábamos jugando / jugábamos* tan tranquilos a las cartas cuando, de repente, José empezó a decir que hacíamos trampas.
7. ¿Sabes? El otro día, *estaba yendo / iba* en autobús y me encontré a Sarita, la cuñada de Vicente.
8. Anoche, como no *estaba teniendo / tenía* hambre, no cené más que fruta.
9. Cuando yo conocí a Javier, ya *estaba terminando / terminaba* la carrera de Veterinaria.
10. Nosotros *estábamos escuchando / escuchábamos* la radio en ese momento y no oímos el ruido de la pelea en la escalera.

4. Construya frases siguiendo el ejemplo.

Ej.: 1. Mi hijo / estudiar / un año en Pisa
Mi hijo ha estado estudiando un año en Pisa.

2. Este fin de semana / llover / todo el tiempo

....

3. Yo / limpiar / todo el día

....

4. Antonio / arreglar su moto / toda la mañana

....

5. Los niños / dar la lata / toda la mañana

....

6. Ana Mª y su amiga / viajar por todo el mundo / cinco meses

....

7. Mi padre / trabajar / en esa empresa / toda la vida

....

8. Julio y Carmen / salir juntos / siete años

....

5. Complete las frases con uno de los verbos del recuadro en el tiempo más adecuado: HE ESTADO / ESTUVE / ESTABA + GERUNDIO.

acostarse	ver	mirar	terminar
visitar	transportar	esperar	llover

Ej.: 1. Alicia es española, pero este verano *ha estado visitando* a unos parientes que tiene en Argentina.

2. Cuando Andrés llegó del trabajo, sus amigos .... el partido de fútbol en la televisión.
3. A. ¿Qué te pasa?, ¿estás cansado?
    B. Sí, es que .... paquetes de un sitio a otro toda la mañana.
4. Ayer, cuando salimos de casa .... a mares.
5. A. Juan, ¿por qué vienes tan tarde?
    B. Es que .... un trabajo y se me ha pasado la hora de salir.
6. El transporte público está fatal, ayer .... el autobús más de media hora.
7. Maribel y Andrés vinieron a las tantas, cuando nosotros ya ....
8. No sé qué le voy a regalar a Lola; el sábado .... en varias tiendas y no encontré nada que me gustara.

aciertos___ / 14

A + OBJETO DIRECTO DE PERSONA

Observe

En el Hospital Salud **están buscando una vacuna** contra la tos

LA VOZ ▬ ▬▬
NACIONAL

LA POLICIA ESTÁ BUSCANDO AL RESPONSABLE DE LA MUERTE DEL LEON

forma

Verbo + Objeto Directo de cosa

Verbo + A + Objeto Directo de persona

···· USO ····

1. Se usa la preposición **a** delante del Objeto Directo cuando éste es una persona:

*Esta mañana **he visto a Luisa** en la taquilla del teatro.*
*¿**Conoces al** director del Banco Continental?,*

mientras que:

*Esta mañana **he visto** un accidente.*
*¿**Conoces** Barcelona?*

2. Con el verbo *tener* no suele usarse:

*Gloria **tiene** tres hijos de su primer marido.*

3. Con el verbo *buscar*, cuando la persona a la que nos referimos con el Objeto Directo es indeterminada, se omite la preposición:

*Si no **encuentras a nuestro fontanero**, busca un fontanero cualquiera.*

4. Cuando el Objeto Directo se refiere a animales, el uso de la preposición **a** es opcional. En general, se utiliza detrás de verbos que significan actividades propias de seres animados, como *alimentar, pasear, querer,* etc.:

> ¿Con qué **alimentas a tu perro**?
> Anoche **vi al / el gato** de los vecinos en el tejado.

ejercicios

correcciones

1. Ponga la preposición A (AL) en el hueco, si es necesario.

> Ej.: 1. A. Buenos días, ¿qué desea?
> B. Busco <u>al</u> médico que operó ayer <u>a</u> mi hermana.

2. No, yo nunca había oído antes ...... esa canción.
3. Anteayer nos encontramos ...... la madre de Rubén en el metro.
4. A. ¿Qué haces?
   B. Estoy buscando ...... el libro que me compré ayer.
5. Yo oí una vez ...... Montserrat Caballé en Madrid.
6. ¿Sabes?, hoy me he encontrado ...... 30 euros en el bosillo de un pantalón viejo.
7. Yo prefiero ver ...... una obra de teatro.
8. Sí, tienes razón, algunas personas tratan muy mal ...... los animales.
9. El testigo respondió ...... fiscal.
10. Estoy buscando ...... policía que tomó nota del accidente.
11. Mi hijo quiere mucho ...... nuestro perro.
12. Dicen que ya han encontrado ...... los ladrones que me robaron el coche.
13. ¿Has visto ...... la cajera del supermercado?
14. Por favor, échale ...... sal a la ensalada.
15. Le pregunté ...... el nombre de la calle y no me contestó.
16. No pudimos visitar ...... todos los parientes.
17. No pudimos visitar ...... todas las salas de la exposición.

2. Complete las frases con uno de los verbos del recuadro y la preposición A, si hace falta.

conocer	recibir	esperar	escuchar	<u>querer</u>
buscar	tener	necesitar	ver	

> Ej.: 1. Yo creo que todos los padres <u>quieren</u> a sus hijos.

2. Mis vecinos .... un hijo militar.
3. Lo siento, no .... ninguna aspiradora, ya tengo una.
4. A. ¿Qué hacéis?
   B. .... Ana, hemos quedado aquí a las 6.
5. A. ¿Y Pili?, ¿cómo le va?
   B. Creo que bien, no .... carta suya desde enero.
6. Mi jefe .... una secretaria con dos o tres idiomas.
7. El domingo .... tu secretaria en una fiesta.
8. Manolo, ¿.................. marido de Rosa?
9. Fidel, ... lo que te digo.

Tema 6. Puntuación total ___ / 24

aciertos___ / 24

IMPERATIVO AFIRMATIVO Y NEGATIVO

Observe

Levanta las rodillas, **mueve** los brazos, **no muevas** la cabeza, uno, dos, tres..., **repite**

CONDUZCA CON PRECAUCIÓN

NO PISEN EL CÉSPED

NO TIRÉIS PAPELES AL SUELO

NO ENTRE NI SALGA ANTES DEL TOQUE DEL SILBATO.

forma

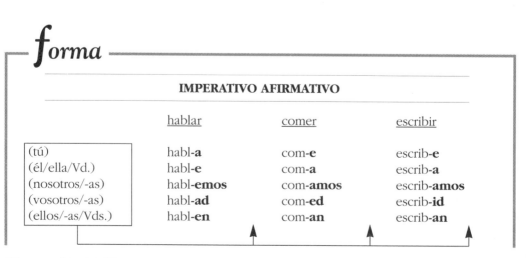

IMPERATIVO AFIRMATIVO

	hablar	comer	escribir
(tú)	habl-**a**	com-**e**	escrib-**e**
(él/ella/Vd.)	habl-**e**	com-**a**	escrib-**a**
(nosotros/-as)	habl-**emos**	com-**amos**	escrib-**amos**
(vosotros/-as)	habl-**ad**	com-**ed**	escrib-**id**
(ellos/-as/Vds.)	habl-**en**	com-**an**	escrib-**an**

• Irregulares

Generalmente, los imperativos irregulares tienen la misma irregularidad que ese verbo tiene en Presente, por ejemplo:

	Pres. Indicativo	Imperativo
cerrar	cierro...	**cierra, cierre, cerremos, cerréis, cierren**
decir	digo...	**di, diga, digamos, decid, digan**
hacer	hago...	**haz, haga, hagamos, haced, hagan**
ir	voy...	**ve, vaya, vayamos, id, vayan**
poner	pongo...	**pon, ponga, pongamos, poned, pongan**
salir	salgo...	**sal, salga, salgamos, salid, salgan**
venir	vengo...	**ven, venga, vengamos, venid, vengan**

IMPERATIVO NEGATIVO

	hablar	comer	escribir
(tú)	**no** habl-**es**	**no** com-**as**	**no** escrib-**as**
(él/ella/Vd.)	**no** habl-**e**	**no** com-**a**	**no** escrib-**a**
(nosotros/-as)	**no** habl-**emos**	**no** com-**amos**	**no** escrib-**amos**
(vosotros/-as)	**no** habl-**éis**	**no** com-**áis**	**no** escrib-**áis**
(ellos/-as/Vds.)	**no** habl-**en**	**no** com-**an**	**no** escrib-**an**

• Irregulares

decir	**no digas**	**no diga**	**no digamos**	**no digáis**	**no digan**
hacer	**no hagas**	**no haga**	**no hagamos**	**no hagáis**	**no hagan**
ir	**no vayas**	**no vaya**	**no vayamos**	**no vayáis**	**no vayan**
poner	**no pongas**	**no ponga**	**no pongamos**	**no pongáis**	**no pongan**
salir	**no salgas**	**no salga**	**no salgamos**	**no salgáis**	**no salgan**
venir	**no vengas**	**no venga**	**no vengamos**	**no vengáis**	**no vengan**

···· USO ··

1. El imperativo se usa fundamentalmente para dar órdenes en situaciones de mucha confianza, por ejemplo de padres a hijos, de profesores a alumnos:

*Para mañana **haced** todos los ejercicios de la página 30.*

2. Para dar instrucciones:

***No entren ni salgan** después del toque de silbato.*

3. Para dar consejos, en la publicidad, por ejemplo:

***Venga** a vernos y le informaremos.*

4. La forma de la primera persona del plural (nosotros) se usa poco y casi siempre en frases hechas:

> **Vayamos** *por partes, primero vamos a hablar de...*
> *Bueno, si estamos* listos, **pongamos manos a la obra**.

5. Cuando el imperativo va acompañado de pronombres, si está en forma afirmativa, los pronombres van detrás del verbo y se escriben en una sola palabra. Si está en forma negativa, los pronombres van delante del verbo:

> **Quítate** *las gafas.*　　　　　**No te quites** *las gafas.*
> **Dale** *tu papel a tu compañero.*　**No le des** *tu papel a tu compañero.*
> **Díselo** *todo.*　　　　　　　　**No se lo digas** *todo.*

ejercicios

correcciones

1. Complete estas advertencias con uno de los imperativos del recuadro.

se asome	hable	conduzca	cierre
llame	pise	tire	toque

Ej.: *1. No pise el césped.*

2. No .... papeles al suelo.
3. No ...., peligro de muerte.
4. Por favor, no .... alto.
5. .... antes de entrar.
6. .... la puerta con cuidado.
7. .... con precaución, hay hielo.
8. No .... a la ventana, es peligroso.

2. Complete el cuadro.

AFIRMATIVO　　　　　　　　　NEGATIVO

	VD.	VDS.
Ej: *1. Espere.*	*No espere.*	*No esperen.*
2. Firme aquí.	....	....
3.	No traiga el informe.	....
4. Pase por aquí.	....	....
5.	....	No repitan.

3. Escriba la forma negativa.

Ej: *1. Ven a casa a las 5*　　　*No vengas a casa a las 5*

2. Levanta la cabeza.　　　......................................
3. Mira allí.　　　　　　......................................

correcciones

4. Saca la lengua. ....
5. Recoge tus cosas. ....
6. Haz los deberes. ....
7. Mueve las piernas. ....
8. Espera en la cafetería. ....
9. Ve a clase. ....
10. Escucha lo que dicen. ....
11. Sal de aquí. ....
12. Entra en casa. ....
13. Pasa por ahí. ....
14. Compra el periódico. ....
15. Llama a tu madre. ....
16. Pon la radio. ....
17. Apaga la luz. ....
18. Abre las ventanas. ....
19. Coge el teléfono. ....
20. Habla con tu jefe. ....

4. Complete.

Ej.: *1. Dejad los abrigos ahí.*   <u>*No dejéis*</u> *los abrigos ahí.*

2. Abrid el cuaderno. ....
3. .... No cerréis el libro.
4. .... No escuchéis esa canción.
5. Venid pronto. ....
6. .... No guardéis vuestras cosas.
7. Esperad al autobús. ....
8. Id andando. ....

5. Imperativo negativo en verbos con pronombre reflexivo.

Ej.: *1. Cállate.*   <u>*No te calles*</u>.

2. Tómese estas pastillas. ....
3. Lavaos las manos. ....
4. Fijaos en esta imagen. ....
5. Siéntese ahí. ....
6. Tomaos toda la sopa. ....
7. Báñate ya. ....
8. Sécate el pelo. ....
9. Deténganse. ....
10. Despídete ya. ....
11. Vete. ....
12. Ponte el abrigo. ....
13. Llévate el paraguas. ....
14. Pruébese esta chaqueta. ....
15. Duérmete. ....
16. Acostaos. ....
17. Levántate temprano. ....

aciertos__ / 40

18. Dúchate con agua fría.
19. Pintaos los labios.
20. Sepárate de la pared.

6. Forme el Imperativo negativo.

Ej.: *1. Déjame eso ahí.* — <u>No me dejes</u> *eso ahí.*

2. Dime lo que te pasa.
3. Escríbeme otra vez.
4. Dale propina al camarero.
5. Hazle ese favor.
6. Escríbenos.
7. Llámales por teléfono.
8. Diles la verdad.
9. Devuélvele el dinero.
10. Tráeme más vino.
11. Préstales el coche.
12. Regálale otro disco.

7. Haga lo mismo con USTED.

Ej.: *1. Déjeme eso aquí.* — <u>No me deje</u> *eso aquí.*

2. Dime lo que te pasa.
3. Escríbeme otra vez.
4. Dale propina al camarero.
5. Hazle ese favor.
6. Escríbenos.
7. Llámales por teléfono.
8. Diles la verdad.
9. Devuélvele el dinero.
10. Tráeme más vino.
11. Préstales el coche.
12. Regálale otro disco.

8. Escriba la forma negativa.

Ej.: *1. Dámelo.* — <u>No me lo des</u>.

2. Házmela.
3. Póntelo.
4. Díselo.
5. Tráigasela.
6. Hazlo.
7. Páguelo.
8. Échalas.
9. Guárdatelo.
10. Arréglatelas.

ejercicios

9. Conteste a las preguntas siguiendo el ejemplo. Puede responder afirmativa o negativamente, como prefiera.

Ej.: *1. ¿Puedo darles a los niños el helado?*
     Sí, dáselo.   o   *No, no se lo des.*

2. ¿Puedo ponerme tus medias nuevas?
....

3. ¿Puedo pagarle el recibo del agua al portero?
....

4. ¿Le presto el coche a Juan?
....

5. ¿Puedo llevarme el periódico a mi cuarto?
....

6. ¿Le doy a Ernesto los 60 euros?
....

7. ¿Te hago ya la cena?
....

8. ¿Puedo decirle a mi amiga Marisa que venga?
....

9. ¿Les digo a los albañiles que se vayan?
....

Tema 7. Puntuación total __ / 91

PREPOSICIONES

Observe

El ladrón debió de entrar **por la ventana**

Vamos a brindar **por el éxito** del disco

La riada arrastró los coches **hasta el mar**

Los bomberos ya se dirigen **hacia el lugar** del incendio

Juan Carlos es insoportable, siempre **se está quejando de** todo

Ernesto **se ha enamorado de** su vecina

forma

RÉGIMEN PREPOSICIONAL

- Hay muchos verbos que habitualmente están acompañados de, o **rigen**, una preposición concreta. Así, por ejemplo, decimos que *confiar* **rige** la preposición **en**. Para saber qué preposición rige un verbo hay que consultar el diccionario.

A: *invitar, parecerse,* etc.

A + INFINITIVO: *empezar, acostumbrarse, atreverse, obligar,* etc.

CON: *soñar, conformarse, casarse,* etc.

DE: *tratar, enamorarse, entender / saber, tener miedo, arrepentirse, abusar, depender, reírse, quejarse, enterarse, lamentarse,* etc.

EN: *confiar, insistir,* pensar, etc.

POR: *preocuparse, brindar, luchar, optar, preguntar,* etc.

LOCUCIONES PREPOSICIONALES

- Hay muchas expresiones fijas formadas por una preposición y un nombre. El sentido de algunas de ellas es figurado y hay que buscar su significado en los diccionarios.

a máquina	*por* correo	*de* rodillas	*a* cántaros
de memoria	*por* los codos	*por* casualidad	

··· uso ·····

- Las siguientes preposiciones se usan para expresar:

1. A

Destino:
> *Este tren **no va a Sevilla**.*

Hora:
> *Llegaré **a las 10**.*

Objetivo / finalidad / Complemento Indirecto:
> *Voy **a ver el partido de tenis**.*
> *¿**A Vd. le gusta** el tenis?*

Complemento Directo de persona:
> *El embajador **no pudo recibir a los invitados**.*

Precio / fecha / distancia / temperatura, con el verbo estar:

*¿**A cuánto están** hoy las naranjas?*
*Hoy **estamos a 23 de septiembre**.*
*Barcelona **está a 650 km.** de Madrid.*
*¡Qué calor!, **estaremos a 40 grados** por lo menos.*

2. CON

Compañía:

*Me **quedé** en casa **con todos los demás**.*

Instrumento / Modo:

*Mi marido **se afeita con cuchilla, no con la maquinilla eléctrica**.*
*El ladrón **entró con mucho** sigilo y nadie lo oyó.*

3. DE

Posesión:

*A. ¿**De quién** es este libro?*
*B. **De Beatriz**.*

Material:

*Se ha comprado **un mueble de caoba auténtica**.*

Origen en el tiempo y el espacio:

***Llegué** ayer **de Cádiz**.*
***Trabajamos de lunes** a viernes.*

Modo:

*Haces tu trabajo **de mala gana**.*

Momento del día al decir las horas:

*Salimos **a las seis de la tarde**.*

Datos de una descripción:

*Es una mujer **de ojos claros, de estatura media** y **(de) pelo rizado**.*

4. DESDE

Origen en el tiempo y en el espacio:

*Viene en tren **desde** Zaragoza.*
*Veraneamos en Santander **desde** 1980.*

5. EN

Lugar (posición) / Tiempo:

***Está en el dormitorio, en la cama**.*
***Nació en 1980, en primavera**.*

Medio de transporte:
> Siempre **vengo en bicicleta**, es más sano.

6. HACIA

Dirección / Lugar:
> Ha habido un incendio en tu barrio y los bomberos ya **van hacia** allí.
> Cuando el presidente empezó a hablar, miles de miradas **se dirigieron hacia**

él.

Tiempo (no muy preciso):
> A. ¿Cuándo vio usted a Picasso por última vez?
> B. No estoy seguro, pero creo que fue **hacia** 1956.

7. HASTA

Término en el tiempo y en el espacio:
> El agua **no podrá llegar hasta allí**.
> **Te esperaré hasta las 5**. Luego me iré.

8. PARA

Objetivo / finalidad:
> Este trasto **no sirve para nada**, está estropeado.
> **Para ser ingeniero** hay que estudiar mucho.

Dirección / Lugar:
> Ya que vas a la cocina, **llévate esto para allá**.

Tiempo:
> ¿Podría limpiarme este traje **para mañana**?
> **Para el mes que viene** tengo tres conciertos.

9. POR

Causa:
> Vamos a **brindar por el éxito** del disco.
> Lo han despedido del trabajo **por** vago.

Lugar:
> El ladrón debió de entrar **por la ventana**.
> **Por aquí** no hay salida.
> ¿Te gusta pasear **por el campo**?

Complemento agente en la voz pasiva:
> El concierto **ha sido dirigido por Luis Cobos**.

Precio:
> ¡Mira qué ganga! Me he traído **tres camisas por 10 euros**.

1. Complete las frases con las expresiones del recuadro.

de noche	de rodillas	de cerca	sin rodeos
en forma	de memoria	de milagro	a oscuras
a carcajadas	en paz	de miedo	

Ej.: *1. No iré a su fiesta aunque me lo pida de rodillas.*

2. Por favor, déjame ...., ya estoy harto de tus reproches.

3. No hace falta que me digas por dónde tenemos que ir; me sé este camino ...., he venido muchas veces.

4. A. ¡Qué fuerte estás! ¡Estás ....!
   B. Claro, es que voy al gimnasio todos los días.

5. Mi hermano, cuando hay tormenta, se muere ....

6. El accidente fue terrible, los viajeros no se mataron ....

7. Dice un refrán que "........................ todos los gatos son pardos", es decir que, en la oscuridad, todo es igual, no se distingue nada.

8. No encendí la luz porque Luis estaba durmiendo y salí de la habitación ....

9. Estas gafas no son para la miopía, señor, son para ver ....

10. Háblame directamente, ...

11. La obra era divertidísima, el público se reía ....

2. Complete con una de las preposiciones:

a	de	con	en	por

Ej.: *1. ¿Te has fijado en el traje tan antiguo que lleva Marta?*

2. Todo el mundo dice que yo me parezco mucho ...... mi abuelo.

3. Ignacio se ha enamorado ...... su profesora.

4. Cristina es extraordinaria, entiende ...... cocina, ... ordenadores, ... pintura...

5. Cuando comenzó ...... llover, nos fuimos.

6. En un momento, el sótano se llenó ...... agua.

7. Para mi cumpleaños, os invitaré ...... cava ...... todos.

8. Todos los niños tienen miedo ...... los monstruos ...... los 4 años.

9. Yo traté ...... explicártelo todo, pero no me hiciste caso.

10. Los dos equipos lucharon duramente ...... el trofeo.

11. Confiamos ...... que todo se arregle pronto.

12. No me extraña que Juan esté enfermo, siempre ha abusado ...... alcohol y el tabaco.

13. No debes tener miedo ...... nada, hijo mío.

14. Juana, ha venido un hombre preguntando ...... ti.

15. Nosotros, antes, siempre íbamos ...... vacaciones ...... Cádiz.

16. La Rioja es famosa ...... sus vinos.

17. ¿Sabes ...... quién se ha casado Pedro?

aciertos___ / 31

18. Al final, estoy muy contento ...... haber encontrado un trabajo.
19. No te preocupes ...... Pablo. Él sabrá arreglárselas solo.
20. Los invitados brindaron ...... los novios.
21. No ganas nada lamentándote ...... todo.
22. No me arrepiento ...... lo que hice, yo tenía razón.
23. Debemos conformarnos ...... lo que tenemos.
24. Mi novio es biólogo, pero trabaja ...... jardinero.
25. Tenías que haber insistido ...... que te hicieran descuento.
26. No te amargues la vida porque ese chico te haya dejado. Disfruta ......
    lo que tienes: tus amigos, tu familia.

3. Complete cada hueco con uno de los verbos del recuadro A + una de las preposiciones del B. Observe también el tiempo de los verbos.

A	atreverse	tratar	obligar	depender	despedirse
	insistir	acostumbrarse	quejarse	optar	soñar

B	a	de	por	en	con

Ej.: *1. Los clientes vinieron a quejarse del mal trato recibido.*

2. Cuando el policía me detuvo por exceso de velocidad, no
   .... protestar.
3. El libro que estoy leyendo ahora .... Filosofía.
4. La última vez el pediatra .... la importancia de la alimentación para el desarrollo correcto del niño.
5. En la escuela, cuando éramos pequeños, nos ....
   estudiar de memoria todos los nombres de ríos, capitales, países, etc.
6. Yo siempre .... tener una casa al lado del mar.
7. Mi hijo mayor no sabía qué hacer y al final, ... estudiar
   Matemáticas.
8. A. ¿Qué vas a hacer estas vacaciones?
   B. No sé, ... mis padres.
9. Los novios se marcharon del banquete sin .... nadie.
10. Mi marido .... comer con poca sal cuando estuvo
    haciendo régimen hace 5 años.

4. Complete con POR / PARA

Ej.: *1. Esta crema sirve para protegerse del sol.*

2. .... este camino llegaremos antes.
3. El ratón debió de entrar .... la rendija de la puerta.
4. .... 60 euros me compré unos pantalones y una blusa.
5. .... mucho que trabajes, nunca te harás rico.
6. .... llegar allí, tendrás que pasar .... aquella parte.

7. El agua es imprescindible .... la vida.
8. .... Navidades iré a ver a mis padres.
9. Papá dijo que la bicicleta era .... mí.
10. .... ser bailarín hay que sacrificarse mucho.
11. .... mí, podéis iros cuando queráis.
12. Este trasto no sirve .... nada.
13. Yo no me iría de casa de mis padres .... nada del mundo.
14. Use lejía PLIM .... quitar las manchas de su colada.
15. Vino a casa .... decirme que se divorciaba.
16. Esto te ha pasado .... no decirme antes la verdad.
17.   A. ¿......... cuando me arreglarán las gafas?
      B. .... dentro de una hora.
18. Este vino lo reservo .... los amigos.
19. El teléfono fue inventado .... Bell.
20. Alguien dijo: "No hay amor más grande que dar la vida .... un amigo".

5. HACIA / HASTA

Ej.: *1. ¿Hasta qué hora está abierto el museo?*

2. Los bomberos ya van .... el lugar del incendio.
3. Joaquín no llegó anoche a casa .... las 2.
4. Cuando oímos el ruido, todos miramos .... arriba, pero no vimos nada.
5. El agua no subía .... arriba porque no había presión.
6.   A. ¿A qué hora terminó la fiesta?
      B. No sé, ... las dos o las tres.
7. Eso lo entiende cualquiera, ... un niño pequeño.
8.   A. ¿A dónde vas de vacaciones?
      B. No sé, de momento vamos .... el Norte y luego ya veremos.
9. No saldrás a la calle .... que no termines los deberes.
10. Cuando vio a su padre, echó a correr .... él.

6. En las preguntas siguientes falta una de estas preposiciones.

por	de	con	en	a

Ej.: *1. ¿Por quién brindamos?*

2. ¿ ...... quién se ha enamorado Soledad? Está todo el día en las nubes.
3. ¿ ...... qué te quejas?, tienes un buen trabajo, una casa, un coche.
4. ¿ ...... qué nos vas a invitar el día de tu cumpleaños?
5. ¿ ...... qué año naciste?
6. ¿ ...... qué tienes miedo?

7. ¿ ...... quién se casó Luis Ángel?

8. ¿ ...... quién preguntaba el cartero?

9. ¿ ...... qué pensabas?

10. ¿ ...... qué trataba la película que visteis ayer?

11. ¿ ...... dónde pasa este tren?

12. ¿ ...... quién se parece tu hijo?

13. ¿ ...... qué huyes?

14. ¿ ...... qué vas a trabajar?

15. ¿ ...... quién te has despedido antes de salir?

7. A este anuncio le hemos borrado las preposiciones. Colóquelas en su sitio. Entre paréntesis aparece el número de veces que se repite cada una.

a(2)	al(1)	de(10)	del(2)	en(6)	para(2)	ante(1)

INTERFLORA CONQUISTA ...

...... cualquier momento y ...... cualquier lugar, porque siempre hay un motivo .... compartir alegría. Detrás ...... **Interflora** hay un mensaje que no conoce fronteras y acerca ...... las personas. Un mensaje que siempre será bien recibido.

... Y TE INVITA A HAWAI

Con cada envío ...... **Interflora** podrás participar ...... el sorteo ...... un magnífico viaje ...... Hawai ...... diez días .... dos personas, que se celebrará .... notario el 31 ...... enero ...... 1998.
Disfruta ...... encanto ...... las paradisíacas islas, ... las flores y ...... las exóticas playas ...... Pacífico ...... uno ...... los hoteles más lujosos ...... Hawai. Solicita tu cupón ...... cualquier floristería **Interflora** ...... hacer el encargo.

aciertos__ / 32

FUTURO / CONDICIONAL

Observe

forma

	FUTURO	CONDICIONAL
(yo)	cantar-**é**	cantar-**ía**
(tú)	cantar-**ás**	cantar-**ías**
(él/ella/Vd.)	cantar-**á**	cantar-**ía**
(nosotros/-as)	cantar-**emos**	cantar-**íamos**
(vosotros/-as)	cantar-**éis**	cantar-**íais**
(ellos/-as/Vds.)	cantar-**án**	cantar-**ían**

• Irregulares

Los dos tiempos tienen las mismas irregularidades.

	FUTURO	CONDICIONAL
decir	diré	diría
hacer	haré	haría
poder	podré	podría
poner	pondré	pondría
saber	sabré	sabría
salir	saldré	saldría
tener	tendré	tendría
venir	vendré	vendría

···· USO ···

Futuro

El Futuro Imperfecto se usa principalmente para hablar de acciones futuras. Va acompañado de marcadores temporales como *luego, más tarde, esta noche, el año / la semana / el mes
que viene, dentro de un mes / tres años,* etc.

>   A. *¿Has terminado lo que tenías que hacer?*
>   B. *No, **lo haré luego**, después de comer.*

Condicional

1. El Condicional Simple se usa para expresar una acción cuya realización depende de una
condición. Así ocurre en las oraciones condicionales:

>   *Si tuviera dinero, me **compraría** un chalé.*

2. También se utiliza para dar consejos, sugerencias o para pedir favores de manera formal,
menos directa:

>   *Yo, en tu lugar, **no me pondría** esa falda =*
>   *Yo, (si fuera tú), no me pondría esa falda.*
>   *Yo creo que **deberías** buscar un trabajo, ¿no?*
>   *¿**Podrías** traer el periódico?, es que yo no puedo salir.*

3. Cuando hablamos en Estilo Indirecto, es decir, cuando repetimos lo que otra persona dijo
anteriormente en Futuro, en Estilo Directo, empleamos obligatoriamente el Condicional:

>   El profesor:
>   *"**Mañana llegaré** diez minutos más tarde."*

A (un estudiante):

>   *¡Qué raro, son las diez y cinco y el profesor no ha llegado!*

B (otro estudiante):

>   *Sí, bueno, **ayer dijo que hoy vendría** diez minutos más tarde.*

ejercicios

1. Complete el cuadro.

Ej.: *1. LAVAR*   *lavaré*   *lavaría*

2. HACER   harán   ....
3. RECOGER   ....   recogería
4. GANAR   ganaré   ....
5. SER   será   ....
6. VER   ....   vería
7. PONER   pondremos   ....
8. LLOVER   lloverá   ....
9. SALIR   ....   saldría
10. SABER   sabréis   ....
11. REALIZAR   realizaré   ....
12. IR   ....   iríamos
13. ABRIR   abrirán   ....
14. ECHAR   echaré   ....
15. LLEGAR   ....   llegaría
16. ARREGLAR   arreglará   ....
17. TOCAR   tocaremos   ....
18. EMIGRAR   ....   emigrarían

2. Aconseje según la situación.

> Ej.: *1. No sé si estudiar Biología o Medicina.* (Biología)
> *Yo, <u>en tu lugar / que tú</u>, estudiaría Biología.*

2. No sé qué hacer, siempre llego tarde a todas partes.
   (comprarse un despertador) ....
   ....
3. No sé que ponerme para la boda de Pilar.
   (el traje azul marino de seda) ....
   ....
4. No sé si reservar habitación en un Parador o en un hotel.
   (en un Parador) ....
   ....
5. No sé qué regalarle a Juan Antonio.
   (algo para su despacho) ....
   ....

3. Ahora haga lo mismo pero con más énfasis en la "obligación".

> Ej.: *1. Un amigo es fumador y está tosiendo continuamente:*
> *(<u>yo creo que</u>) <u>deberías dejar de fumar</u>.*

2. Van a cerrar una fábrica y despedir a 9.000 obreros:
   Yo creo que el gobierno ....
3. A un compañero de trabajo le duele la cabeza:
   ....
4. Una vecina ha discutido con su marido y éste se ha marchado de casa.
   Ahora la vecina está arrepentida. Usted le dice:
   ....
5. Los niños quieren ver la televisión, pero tienen deberes que hacer.
   ....

6. Una chica de 16 años se ha quedado embarazada, pero no le ha dicho nada a sus padres.

....

4. Todas estas personas declararon unas intenciones, pero luego no las han cumplido. Recuérdeles su promesa.

> Ej.: *1. "Os llamaré a las 10."*
> *Tú dijiste que nos llamarías a las 10.*

2. *"Te invitaré a mi cumpleaños."*
Tú me dijiste que...

3. *"No iré a clase mañana."*
Ella me dijo que hoy...

4. *"Saldremos a las 7."*
Ellos dijeron que ....

5. *"Nosotros llevaremos la bebida."*
Vosotros..

6. *"Yo haré la cena mañana."*
Tú dijiste ....

7. *"Te esperaremos en la puerta del cine."*
Vosotros dijisteis que...

8. *"No volveré a fumar más."*
Tú...

5. Escriba el verbo en la forma adecuada del futuro o condicional.

> Ej.: *1. Mi hermana pronto <u>tendrá</u> un hijo. (tener)*

2. Yo que tú le .... y .... las cosas. *(llamar, aclarar)*
3. El año que viene (nosotros) .... que cambiarnos de casa. *(tener)*
4. Si llaman a la puerta, (nosotros) .... *(abrir)*
5. Si están cansados, (ellos) no .... a la fiesta. *(venir)*
6. Carmen dijo que ellos sí .... a casa. *(venir)*
7. Yo, mañana si no estoy mejor, no .... a trabajar. *(ir)*
8. La profesora de música dijo que hoy .... diez minutos más tarde. *(llegar)*
9. Yo, en tu lugar, no .... a esa carta. *(responder)*
10. ¿Quieres el periódico?, yo lo .... después. *(leer)*
11. Es un traje precioso, yo que tú, me lo .... *(comprar)*
12. Alejandro me dijo que él nunca .... en una casa así. *(vivir)*
13. Si necesitan algo, ya nos lo .... *(pedir)*
14. Yo creo que tú .... tener más cuidado con lo que dices, hablas demasiado. *(deber)*
15. Sr. Fernández, en el futuro .... abstenerse de hacer comentarios sobre lo que hacemos en esta oficina. *(deber)*
16. Raquel, ... ir a la peluquería, tienes el pelo fatal. *(deber)*
17. La Sra. Jiménez avisó de que hoy no .... a la reunión. *(asistir)*
18. Mañana (nosotros) .... el trabajo que nos queda. *(hacer)*
19. Yo creo que los vecinos .... poner la tele más baja. *(deber)*
20. Yo en tu lugar, le .... la verdad. *(decir)*

FUTURO PERFECTO. EXPRESIÓN DE PROBABILIDAD

Observe

forma

FUTURO PERFECTO	{	Futuro Imperfecto de HABER + Participio Pasado

	Futuro	**Participio de** cantar
(yo)	habré	
(tú)	habrás	
(él/ella/Vd.)	habrá	cantado
(nosotros/-as)	habremos	
(vosotros/-as)	habréis	
(ellos/-as/Vds.)	habrán	

···· uso

1. El Futuro Perfecto se usa para hablar de una acción futura, pero que estará acabada y pasada en un futuro del que hablamos:

> Llegaré a casa a las 10. ¿**A esa hora habrás hecho** la cena?
> **Dentro de tres meses** ya **habrán acabado** las obras de la acera.

2. El Futuro Imperfecto, el Futuro Perfecto y el Condicional se utilizan para formular hipótesis en el presente y en el pasado:

> A. ¿Has visto a la niña?
> B. No, pero **estará** arriba, en su cuarto (= creo que está arriba ahora).

A. ¿Qué hora **es**?

B. Son las siete. A estas horas Pedro ya **habrá llegado** a París (= creo que ha llegado a París ya).

A. Ayer por la tarde llamé a Concha y no estaba en casa.

B. **Estaría** en clase de cerámica (= creo que estaba en clase ayer).

3. Muy frecuentemente se usan en preguntas que no esperan una respuesta, y son como preguntas para uno mismo que se formulan en voz alta:

No encuentro mi cartera, ¿dónde la **habré puesto**?

Ayer no vi a la vecina en todo el día, ¿dónde **se metería**?

Emilio, llaman a la puerta, ¿quién **será** a estas horas?

ejercicios

correcciones

1. Complete el cuadro.

Ej.: *1. ESCRIBIR, ellos habrán escrito.*

2. RECIBIR, ella ....
3. ABRIR, yo...
4. LEER, tú ....
5. LLEVAR, nosotros ....
6. IR, Vd. ....
7. EMPEZAR, él ....
8. COBRAR, vosotros ....
9. LLEGAR, yo ....
10. ESTAR, ellos ....

2. Comente estos planes que Andrés se ha hecho para el año que acaba de empezar.

Ej.: *1. Haré una figura de escayola a la semana.*
Al final del año habrá hecho cincuenta y dos figuras.

2. Nadaré 1.500 metros a la semana.

....

3. Ahorraré 120 euros al mes.

....

4. Compraré 2 discos al mes.

....

5. Leeré 1 libro en español al mes.

....

aciertos___ / 13

correcciones

3. Transforme las preguntas directas en preguntas de hipótesis.

Ej.: *1. ¿Qué hora es?*
     ¿Qué hora será?

Ej.: *2. ¿Cuánto le ha costado el coche a Juan?*
     ¿Cuánto le habrá costado el coche a Juan?

Ej.: *3. ¿Dónde vivió Filomeno antes de venir aquí?*
     ¿Dónde viviría Filomeno antes de venir aquí?

4. ¿Qué hace Rafa por las tardes?
   ....

5. ¿De quién es esta película tan mala?
   ....

6. ¿Dónde he puesto mis gafas?
   ....

7. ¿Para qué fue Paco a casa de Pepa?
   ....

8. ¿Quién te mandó comprar ese aparato?
   ....

9. ¿Para qué ha llamado Constancio?
   ....

10. ¿Dónde están las malditas llaves del baúl?
    ....

11. ¿Por qué no ha llamado Marina?
    ....

12. ¿Por qué dijo Sonia aquello?
    ....

13. ¿Quién viene a estas horas a casa?
    ....

14. No sé a quién se parece este niño tan llorón.
    ....

15. ¿Quién le dijo a Luisa dónde vivimos?
    ....

16. ¿Cuánto cuesta esa cazadora de cuero?
    ....

17. ¿Quién me mandó a mí meterme donde no me llaman?
    ....

18. ¿Cuándo ha salido el niño?, no me he enterado.
    ....

19. ¿A qué hora llegó la vecina a casa?
    ....

20. ¿Dónde estaba mi madre ayer cuando la llamé?
    ....

4. Formule una hipótesis según la situación.

Ej.: *1. A. ¡Qué raro! Andrés lleva unos días sin saludarme.*
        B. No te preocupes, se habrá enfadado por algo, pero ya se le
           pasará.

2. A. ¡Qué raro! he llamado a mis hermanos y no contestan.
   B. No te preocupes, *(salir a comprar)* ....
   ....

3. A. ¡Qué raro! Juan y Pepa dijeron que vendrían a comer. Son las 4 y todavía no han llegado.
   B. No te preocupes, *(haber atascos)* ....
   en la carretera.

4. A. Este actor lo conozco de toda la vida, ¿cuántos años tendrá?
   B. Pues, *(tener)* .... unos 50 años.

5. A. El domingo no vi a Mª Luz en la fiesta de José Ignacio.
   B. *(tener)* .... trabajo y por eso no fue.

6. A. ¡Qué raro! Álvaro no ha venido hoy a trabajar.
   B. *(tener)* .... que ir al médico.

7. A. ¿Has visto qué bien habla el chino el hijo de Vicenta?
   B. Sí, es verdad, *(estar viviendo)* ....
   en China porque si no, no me lo explico.

8. A. Vengo de casa de Mª Jesús. He llamado a la puerta pero no me ha abierto.
   B. ¿Sí?, ¡qué raro!, pues estaban en casa. No *(oír)*....................
   .... el timbre.

aciertos___ / 8

OJALÁ, QUIZÁ(S), TAL VEZ + PRESENTE DE SUBJUNTIVO

Observe

1

¿Adónde vais a ir de vacaciones en Semana Santa?

No sé, **quizás vayamos** a Sevilla, si los niños quieren

2

Pues sí, mi hija Elena está buscando trabajo. ¡**Ojalá tenga** suerte y lo **encuentre** pronto!

forma

PRESENTE DE SUBJUNTIVO

	cantar	comer	vivir
(yo)	cant-**e**	com-**a**	viv-**a**
(tú)	cant-**es**	com-**as**	viv-**as**
(él/ella/Vd.)	cant-**e**	com-**a**	viv-**a**
(nosotros/-as)	cant-**emos**	com-**amos**	viv-**amos**
(vosotros/-as)	cant-**éis**	com-**áis**	viv-**áis**
(ellos/-as/Vds.)	cant-**en**	com-**an**	viv-**an**

• **Irregulares**

a) Los verbos que cambian sus vocales en Presente de Indicativo, también lo hacen en Presente de Subjuntivo.

querer	poder	jugar	volar	pedir	sentir
qu**i**era	p**ue**da	j**ue**gue	v**ue**le	p**i**da	s**i**enta
qu**i**eras	p**ue**das	j**ue**gues	v**ue**les	p**i**das	s**i**entas
qu**i**era	p**ue**da	j**ue**gue	v**ue**le	p**i**da	s**i**enta
queramos	podamos	juguemos	volemos	p**i**damos	sintamos
queráis	podáis	juguéis	voléis	p**i**dáis	sintáis
qu**i**eran	p**ue**dan	j**ue**guen	v**ue**len	p**i**dan	s**i**entan

b) Si en Presente de Indicativo es irregular sólo la primera persona, en Presente de Subjuntivo son irregulares todas las personas.
Ejemplo: *poner.*

Presente de Indicativo	Presente de Subjuntivo
pongo	**pong**a
pones	**pong**as
pone	**pong**a
ponemos	**pong**amos
ponéis	**pong**áis
ponen	**pong**an

c) Verbos especialmente irregulares en este tiempo:

estar ➤ **esté, estés, esté, estemos, estéis, estén**
haber ➤ **haya, hayas, haya, hayamos, hayáis, hayan**
ir ➤ **vaya, vayas, vaya, vayamos, vayáis, vayan**
saber ➤ **sepa, sepas, sepa, sepamos, sepáis, sepan**
ser ➤ **sea, seas, sea, seamos, seáis, sean**

• **Ortografía**

Recuerde las reglas ortográficas del español para **c** y **g**:

acercar ➤ acer**que**, acer**ques**, etc.
navegar ➤ nave**gue**, nave**gues**, etc.
averiguar ➤ averi**güe**, averi**gües**, etc.
coger ➤ co**j**a, co**j**as, etc.

···· *USO* ··

1. El Modo Subjuntivo tiene muchos valores; se utiliza para expresar inseguridad, futuro, deseo u otros sentimientos:
*****Cuando tenga tiempo*****, *iré a verte.*
No estoy seguro de que *Elena* ***venga*** *hoy.*

2. Con **quizás, tal vez + Subjuntivo** expresamos posibilidad e hipótesis:
A. Hoy no ha venido el cartero.
B. ***Quizás venga*** *por la tarde.*
A. El niño está llorando, ¿qué le pasará?
B. No sé... ***tal vez tenga*** *hambre otra vez.*

3. Con **ojalá + Subjuntivo** expresamos deseo:
A. Blanca está enferma y tienen que operarla.
*B. ¡****Ojalá no sea*** *grave!*

ejercicios

1. Verbos regulares: siga el modelo.

	YO / ÉL / ELLA / VD.	NOSOTROS / -AS
Ej.: 1. HABLAR	*hable*	*hablemos*
2. ESTUDIAR	....	....
3. LEER	....	....
4. COMER	....	....
5. BEBER	....	....
6. TRABAJAR	....	....
7. LIMPIAR	....	....
8. ESCRIBIR	....	....
9. RECIBIR	....	....
10. VENDER	....	....
11. VIVIR	....	....
12. PINTAR	....	....

2. Verbos irregulares: siga el modelo.

Ej.: 1. EMPEZAR	*empiezo*	*empiece*
2. SALIR	....	....
3. DECIR	....	....
4. HACER	....	....
5. OÍR	....	....
6. ENCONTRAR	....	....
7. VENIR	....	....
8. PODER	....	....
9. CONOCER	....	....

3. Siga el modelo.

	YO / ELLA / ÉL / VD.	NOSOTROS / -AS
Ej.: 1. IR	*vaya*	*vayamos*
2. SER	....	....
3. ESTAR	....	....
4. LLEGAR	....	....
5. VOLAR	....	....
6. JUGAR	....	....
7. RECOGER	....	....
8. PEDIR	....	....
9. TENER	....	....
10. SABER	....	....
11. PONER	....	....
12. DORMIR	....	....
13. TRADUCIR	....	....
14. APARCAR	....	....

aciertos   **/ 22**

4. Complete las frases con uno de los verbos del recuadro en Presente de Subjuntivo.

encontrar	llegar	dormir	dar	tocar	llover

Ej.: *1. Esta noche necesito dormir. Ojalá duerma bien.*

2. Necesito dinero. Ojalá me .... la lotería.
3. Necesito un trabajo. Ojalá .... pronto uno.
4. Necesito descansar. Ojalá me .... vacaciones pronto.
5. Mañana queremos ir a la playa y está nublado. Ojalá no ....
6. Es tardísimo, el tren va a salir. Ojalá (nosotros)................. a tiempo.

5. Responda a las preguntas siguientes formulando una hipótesis o un deseo, según la situación.

Ej.: *1. A. Emilio me ha visto por el pasillo y no me ha saludado, ¡qué raro!*
        B. (estar enfadado) Quizás esté enfadado contigo.
     2. A. Si ese hotel es muy caro, tendremos que ir a una pensión.
        B. (ser barato) Ojalá sea barato.

3.   A. ¿Tú sabes si ella es católica?
     B. *(ser protestante)*...
4.   A. Federico viene al fútbol todos los domingos y hoy no ha venido.
     B. *(tener trabajo en casa)*.....................................
5.   A. Y tu novio, ¿vendrá de permiso este fin de semana?
     B. *(poder venir)*..
6.   A. He visto a Ángela y tiene muy mala cara.
     B. *(estar enferma)*..
7.   A. El avión de Lisboa tenía que haber llegado ya hace media hora.
     B. *(llegar pronto)* ....
8.   A. La niña se ha despertado ya tres veces, ¿qué le pasará?
     B. *(tener hambre otra vez)*.....................................
9.   A. Federico se examina mañana del carnet de conducir.
     B. *(tener suerte)*..

6. Exprese varias hipótesis en cada una de estas situaciones.

aciertos___ / 12

1. El Director General de su empresa le manda llamar y quiere hablar con Vd.
....
....
2. Ha quedado para cenar con su mejor amigo/-a y éste/-a no llega.
....
....
3. El perro de su vecina desaparece sin dejar rastro.
....
....
4. El/la hijo/-a de unos amigos quiere estudiar en el extranjero.
....
....

EL GÉNERO DE LOS NOMBRES

Observe

He tenido que cortar **el manzano** porque **las manzanas** que daba no eran muy buenas

Entonces, ¿cuántos hijos políticos tienes?

Pues tengo **un yerno** y **dos nueras**

forma

MASCULINOS	FEMENINOS
el gato, el peluquero, el escritor	la gata, la peluquera, la escritora
el libro, el piso, el zapato	la mano, la radio, la moto
el planeta, el idioma, el problema	la tierra, la lengua, la idea
el hombre, el yerno, el caballo	la mujer, la nuera, la yegua
el estudiante, el pianista	la estudiante, la pianista

···· USO ··

1. Siempre son masculinos los nombres de personas y animales de sexo masculino y son femeninos los nombres de personas y animales de sexo femenino:

   masc.: *el hombre, el caballo, el gato, el profesor*
   fem.: *la mujer, la yegua, la gata, la profesora*

2. Suelen ser femeninos:

   1. Los nombres de cosas terminados en **-a**:
    la mesa, la bolsa, la casa

   excepto los nombres de origen griego que se refieren a seres inanimados:
    el planeta, el tema, el idioma, el problema

2. Los nombres que terminan en **-tad** y **-dad**:
   la amistad, la felicidad

3. Los nombres que terminan en **-ción**, **-sión**, **-zón**:
   la canción, la pasión, la razón

   Excepciones: *el corazón, el buzón*

4. Los nombres que terminan en **-tud**:
   la juventud, la multitud

3. Suelen ser masculinos:
1. Los nombres de cosas que terminan en **-o**:
   el libro, el piso, el bolso

   Excepciones: *la mano, la radio, la moto, la foto*

2. Los días de la semana y los meses del año:
   El lunes fui a Toledo.
   Agosto es muy caluroso.

4. Los nombres de profesiones acabados en **-ista** y **-ante** sirven para el masculino y el femenino. El artículo diferencia el género:
   el / la taxista   el / la policía   el / la cantante

5. Antes muchos nombres de profesiones sólo cambiaban de artículo en masculino y femenino:
   el médico /la médico ,

pero ahora se acepta cada vez más que cambie también la terminación:
   el médico /la médica   el jefe /la jefa   el juez /la jueza

6. Muchas veces hay formas muy distintas para el masculino y el femenino. Incluso pueden ser palabras diferentes:
   el gallo / la gallina   el rey / la reina   el príncipe / la princesa
   el macho / la hembra   el caballo / la yegua   el toro / la vaca   el yerno / la nuera

7. En algunas ocasiones, la misma palabra tiene significado diferente según sea su género:
   el manzano / la manzana   el cólera / la cólera   el pendiente / la pendiente
      (árbol)   (fruto)   (enfermedad) (ira)   (joya)   (desnivel)

8. Algunas palabras que empiezan por **a tónica** y son femeninas, se usan con los artículos **el / un** cuando se nombran en singular:
   el águila / las águilas   el agua / las aguas   un aula / unas aulas,

pero:
   Esta agua *está muy fría. Doy clase en* **esta aula**.

corrections

1. Complete este cuadro de profesionales.

Ej.: 1. El escritor   _la escritora_

2. El ....   la taxista
3. El ....   la estudiante
4. El juez   la ....
5. El asistente   la ....
6. El ....   la cantante
7. El artista   la ....
8. El peluquero   la ....
9. El ....   la secretaria
10. El modisto   la ....
11. El cocinero   la ....
12. El ....   la diseñadora
13. El modelo   la ....
14. El poeta   la ....
15. El ....   la técnico
16. El arquitecto   la ....
17. El abogado   la ....
18. El director   la ....

2. Complete las frases con un artículo (EL / LA / LOS / LAS) y una de las palabras del recuadro.

flores	color	problema	moto	carne
juventud	dolor	canciones	_radio_	traje

Ej.: 1. Hoy en _la radio_ han dicho que las temperaturas van a subir otra vez.

2. .... que comimos el sábado estaba muy buena.
3. No me compré .... del escaparate porque era demasiado caro.
4. ¿Has resuelto ya .... que te ha mandado el profesor de Matemáticas?
5. Mi novio tuvo un accidente con .... y está bastante grave en el hospital, pero los médicos han dicho que se pondrá bien.
6. .... de hoy no tiene los mismos ideales que teníamos nosotros cuando éramos jóvenes.
7. Tómese estas cápsulas, son muy buenas para .... de espalda.
8. A mí nunca me ha gustado .... rojo.
9. .... que cantaron el otro día no eran tan elaboradas como las del disco anterior.
10. ¿En qué jarrón pongo.................... que ha traído Félix?

3. Complete las frases con uno de los elementos de estas parejas.

el cólera / la cólera	el bolso / _la bolsa_	el ramo / la rama
el manzano / la manzana	el capital / la capital	el policía / la policía

Ej.: 1. Enrique, ¿has guardado _la bolsa_ de los caramelos?

2. Madrid es .... de España.

3. ¿Has visto qué .... de flores me ha traído mi marido?
4. Cuando llegó .... al lugar del crimen todo había terminado.
5. Loli, cómete .... de postre.
6. Para la boda de Joaquín llevaré .... negro de piel.
7. El jardinero ha cortado .... de todos los árboles del jardín porque tenían alguna enfermedad.
8. La familia Valle Espino hizo su .... en la postguerra.
9. Los enanitos escondieron a Blancanieves para salvarla de .... de su madrastra.
10. ¿Sabes? hemos tenido que cortar .... porque ya no daba manzanas.

4. Complete.

Ej.: *1. alcalde*   <u>*alcaldesa*</u>

2. padre   ....
3. ....   actriz
4. toro   ....
5. yerno   ....
6. ....   reina
7. ....   mujer
8. príncipe   ....
9. macho   ....
10. gallo   ....
11. ....   yegua
12. león   ....

5. Escriba el artículo adecuado (EL / LA) delante de los siguientes nombres.

Ej.: *1. el lunes*

2. ...... agua
3. ...... idioma
4. ...... honor
5. ...... razón
6. ...... mano
7. ...... foto
8. ...... calor
9. ...... felicidad
10. ...... multitud
11. ...... corazón
12. ...... esclavitud
13. ...... planeta
14. ...... concepto
15. ...... corrupción
16. ...... buzón
17. ...... caparazón
18. ...... vejez

aciertos___ / 36

Tema 12. Puntuación total ___ / 63

PRONOMBRES PERSONALES (OBJETO DIRECTO E INDIRECTO)

Observe

forma

Pronombres Personales de Objeto Directo
(sin preposición)

	Singular	Plural
1ª persona	**ME**	**NOS**
2ª persona	**TE**	**OS**
3ª persona	**LO, (LE) / LA**	**LOS, (LES) / LAS**

	Pronombres Personales de Objeto Indirecto (sin preposición)	
	Singular	Plural
1ª persona	**ME**	**NOS**
2ª persona	**TE**	**OS**
3ª persona	**LE (SE)**	**LES (SE)**

···· *USO* ··

Pronombres personales (sujeto y complemento sin preposición)

1. Los pronombres personales masculinos de Objeto Directo para persona y cosa son **lo** y **los**:
> *A. Y Gerardo, ¿dónde está?*
> *B. No sé, hace un rato **lo** vi en su cuarto.*

Sin embargo, está aceptado el uso de **le** y **les** cuando se trata de personas masculinas:
> *A. Y Gerardo, ¿dónde está?*
> *B. No sé, hace un rato **le** vi en su cuarto.*

2. Cuando el Objeto Directo se nombra antes del verbo, se repite en forma pronominal:
> *Esas naranjas **las** he comprado yo.*
> (O.D.)   (O.D.)

3. Los pronombres personales de Objeto Directo e Indirecto van delante del verbo, excepto cuando el verbo va en Imperativo afirmativo, Infinitivo o Gerundio, que van detrás:
> ***¡Devuélveselo!***
> *¿Puedes **devolvérselo**?*
> *A. ¿Has hecho ya los deberes?*
> *B. No, estoy **haciéndolos**.*

4. Cuando es necesario utilizar los dos pronombres (O. Directo y O. Indirecto), el Indirecto va en primer lugar:
> *A. ¿Te han dado los resultados del análisis?*
> *B. No, **me los** darán la semana próxima.*
> (O.I.) (O.D.)

5. Cuando al pronombre **le** (Objeto Indirecto) le sigue uno de los Objetos Directos de 3ª persona (**lo, la; los, las**), el primero se convierte en **se**:
> *A. ¿Tú le has prestado el coche a mi hermano?*
> *B. Sí, **se lo** presté ayer.*
> (O.I.)(O.D.)

6. Cuando el Objeto Indirecto aparece antes del verbo, se repite en forma pronominal:
> *A mi padre **le** han pagado el dinero que le debían.*
> (O.I.) (O.I.)

7. Si el Objeto Indirecto se nombra después del verbo, casi siempre está antes repetido en forma pronominal, aunque no es obligatorio:

> ¿(***Le***) has pagado ***a Pepe*** el dinero que le debías?
> (O.I.)   (O.I.)

Verbos con LE

Hay muchos verbos que funcionan con la misma estructura que **gustar**, es decir, siempre con los pronombres **me, te, le, nos, os, les**:

> *A **Juan le han tocado** cien millones en la lotería.*
> *¿**No te importa** lo que diga la gente?*
> *A **nosotros no nos molesta** que la vecina toque el piano.*

ejercicios

corrections

1. Sustituya las palabras subrayadas por un pronombre (LO / LA / LOS / LE / LES). Al formar la nueva frase tenga en cuenta la colocación del pronombre.

> *Ej.: 1. No sé dónde habré puesto las tijeras.*
> *No sé donde las habré puesto.*

2. Juan estaba esperando a ella.

3. Todavía no he visto esa película.

4. No he traído el vino, se me ha olvidado.

5. He perdido las gafas.

6. Mis padres siempre invitan a sus vecinos a cenar.

7. Yo llamé a Pepita por la tarde.

8. Yo aconsejo a Vd. que no venda el coche.

9. Emilia dijo a ellos que no vendría.

10. El padre pegó al hijo una bofetada.

11. Los ladrones robaron todo a los turistas.

12. ¿A Vd. gustan los toros?

13. Cogí las llaves del cajón de la mesita.

14. Llevé al niño al pediatra a las 3.

aciertos___ / 13

15. Llevé <u>a Julián</u> varias botellas de sidra y no me lo agradeció.
....
16. Encontrarás <u>el restaurante</u> fácilmente.
....
17. Todavía no he leído <u>ese artículo</u>.
....
18. El conferenciante habló <u>a ellos</u> de las últimas corrientes filosóficas.
....
19. El jefe de personal preguntó <u>a la candidata</u> si tenía experiencia.
....
20. ¿Has escrito ya <u>a los de la Telefónica</u>?
....

2. Complete las frases con el verbo en el tiempo adecuado y el pronombre correspondiente (ME / TE / LE / NOS / OS / LES).

Ej.: *1. ¿Es que a vosotros no <u>os importa</u> lo que diga la gente? (importar)*

2. A. ¿Qué tal Eduardo?
   B. A mí no .... bien, es un pesado. *(caer)*
3. A. ¿Quieres tomar algo?
   B. No, gracias, ahora no .... nada. *(apetecer)*
4. ¿Quién juega? ¿A quién .... ahora tirar el dado? *(tocar)*
5. ¿Sabes que a mis padres .... la quiniela el año pasado? *(tocar)*
6. A. ¿Qué .... a ti mi último modelito? *(parecer)*
   B. No sé, yo creo que la falda .... fatal. *(sentar)*
7. ¿Te has enterado de lo que .... a Pilar y Carlos? *(pasar)*
8. Ahora .... a vosotros contar un chiste. *(tocar)*
9. Sí, ya sé que a ti .... mucho venir conmigo a esa cena, pero es necesario que vengas. *(fastidiar)*
10. Yo creo que a Juan Luis no .... falta más dinero. Ya tiene bastante. *(hacer)*
11. Ya veo que a ti no .... nada de lo que digo. *(interesar)*
12. Ya sólo .... quince días para casarnos. *(quedar)*
13. ¿Cuánto dinero .... (a ti)? *(quedar)*
14. No te preocupes, a nosotros no .... el coche este fin de semana. *(hacer falta)*
15. A Julián no .... nada para ser feliz. *(faltar)*
16. A ella .... mucho el desprecio de su novio. *(doler)*
17. ¿...................... (a vosotros) que fume? *(molestar)*
18. Mamá, estos pantalones no me sirven, ... pequeños. *(estar)*
19. Por favor, bajad la música, a vuestro padre .... mucho trabajo concentrarse en su tarea. *(costar)*

3. Complete con los pronombres adecuados.

Ej.: *1. Tienes el pelo larguísimo, ¿por qué no <u>te lo</u> cortas?*

2. A. ¡Qué cuadros tan bonitos!
   B. ¿Te gustan? .... ha regalado Rosa para mi cumpleaños.

3. A. ¿......... has dicho a Jorge lo del banco?
   B. No, todavía no .... he contado, no he tenido tiempo.
4. A. ¿Conoces a María Jiménez?
   B. Sí, ... vi el otro día en la fiesta de Pepe.
5. A. ¿Cuándo podrás acompañar ...... para ir de compras?
   B. No sé, mañana ...... llamo y .... digo.
6. A. ¿Qué ...... vas a regalar a Montse?
   B. No sé, todavía no ...... he pensado.
7. Sara, encima de mi mesa hay un papel, ¿puedes traér.........?
8. José, la leche, ¡tóma...... de una vez!
9. A. ¿...... has explicado a los niños que no deben saltar encima de la cama?
   B. Yo no, dí......... tú.
10. A. ¡Qué camisa tan elegante! ¿Cuándo .... has comprado?
    B. El otro día.
11. A. ¿Qué le ha pasado a tu padre?
    B. Mira, que ...... subió a una escalera, resbaló y ...... cayó de espaldas.
12. Paco, ya está bien, ... has bebido casi todo el zumo de la botella.
13. Niños, lavá...... las manos ahora mismo.
14. A. Señor Marín, ¿tiene ahí el informe que ...... pedí?
    B. Sí, señor, ... traigo ahora mismo.
15. A. ¿...... has pagado al portero los recibos?
    B. Claro, ... pagué todos el lunes, al volver del banco.
16. A. Señora Domínguez, ¿qué ...... parece el ascensor nuevo?
    B. Estupendo, ... gusta mucho más que el otro, pero a los vecinos del primero no ...... ha gustado nada.
17. A. Señora Domínguez, ¿...... ha enterado de que los vecinos del primero ...... han mudado de casa?
    B. No ...... extraña nada, ... llevaban muy mal con todo el mundo.
18. ¿Cuánto ...... ha costado el ordenador nuevo (a ti)?
19. Remedios nunca ...... perdonó a su madre que no ...... dejara dedicar ...... al cine.
20. A. Oye, ¿...... prestas el coche?
    B. Lo siento, no ...... tengo yo, ... ha llevado mi marido.

4. En las frases siguientes faltan los pronombres. Colóquelos en el lugar adecuado.

Ej.: 1. Valeriano vendió el piso a sus cuñados.
     Valeriano _les_ vendió el piso a sus cuñados.

2. No tardéis, esperaré en la puerta
....
3. Di a María que escriba pronto (a mí)
....
4. Camarero, ponga unas cañas (a nosotros)
....
5. A nosotros no importa que tú entres o salgas con ése
....

6. Te voy a contar un secreto, pero no digas a nadie

....

7. El cajero del banco huyó llevando más de 100 millones

....

8. Cuando era pequeño, mi padre no permitía comer dulces *(a mí)*

....

9. Ella fue de la fiesta porque no sentía bien

....

10. Yo envié un telegrama, pero no contestaron, ¿no? *(a nosotros)*

....

11. Esta película es muy mala, no vayas a ver

....

12. A Ignacio no han dado el trabajo que pidió

....

13. A todos ellos interesa que ese negocio salga adelante

....

14. A mí no dejan salir después de las doce de la noche

....

15. No diré nada a nadie

....

16. La comida está lista, lléva a la mesa

....

5. Complete los textos siguientes con un pronombre en cada hueco, de forma que tengan sentido.

• Aquella noche ..(1).. dije a mi padre que necesitaba leer. Mi padre ..(2).. escuchó, ..(3).. dijo que bueno y al día siguiente llamó al profesor para preguntar..(4).. qué libros ..(5).. convenían. El profesor hizo una lista y ..(6).. ..(7).. entregó a mi padre, que inmediatamente compró los tres primeros. El primero no ..(8).. interesó especialmente, pero ...(9)... leí entero. Cuando mi padre ..(10).. preguntó si me había gustado, ..(11).. contesté que sí.

• Aquella tarde estábamos juntos Ricardo y ..(12).., cuando pasó don Benito. Al ver..(13).., ..(14).. acercó. Yo ..(15).. presenté a mi amigo y éste ..(16).. dio la mano. Don Benito accedió a sentar..(17).. con nosotros para charlar. ..(18).. dijo que ..(19).. gustaba mucho la poesía y que pronto saldría a la calle un libro suyo. "Vengan, ..(20).. invito a café", dijo y ..(21).. llevó al bar.

aciertos__ / 32

ESTILO INDIRECTO (INFORMACIÓN)

Observe

> Si no apruebas las matemáticas, **no te compraremos** la moto

> Mi padre **me dijo** anoche **que si no aprobaba** las matemáticas **no me comprarían** la moto

> ¡Ni hablar! **Yo en este** restaurante **no entro**

> Y entonces **ella me dijo que en ese** restaurante no **entraba**

forma

Transmitir una información

Verbo introductor (decir)	Estilo Directo (Indicativo)	ESTILO INDIRECTO (Indicativo)
Presente / Pret. Perfecto	} PRESENTE / PASADO FUTURO	➤ PRESENTE / PASADO ➤ FUTURO
Pret. Perfecto Pret. Indefinido / Imperfecto / Pluscuamperfecto	PRESENTE PRET. PERFECTO PRET. INDEFINIDO PRET. IMPERFECTO FUTURO	➤ PRET. IMPERFECTO ➤ PRET. PLUSCPF. / INDEF. ➤ PRET. PLUSCPF. / INDEF. ➤ PRET. IMPERFECTO ➤ CONDICIONAL

···· USO ····

1. Estilo Directo

Él dice / ha dicho:
"Mañana va a llover / lloverá."
"He ido al médico."

Él ha dicho / dijo / había dicho / decía:

"Estoy cansado."
"No he terminado el informe."
"Estoy estudiando francés."
"Voy a ver a Elena."
"Te llamé por teléfono."
"Os ayudaré."

ESTILO INDIRECTO

Él dice / ha dicho / QUE...
... *mañana va a llover / lloverá.*
... *ha ido al médico.*

Él ha dicho / dijo / había dicho / decía / QUE... /

... *estaba cansado.*
... *no había terminado el informe.*
... *estaba estudiando francés.*
... *iba a ver a Elena.*
... *me había llamado / llamó por teléfono.*
... *nos ayudaría.*

2. Cuando el verbo introductor está en Pretérito Perfecto -**ha dicho**- el tiempo de la afirmación en estilo indirecto puede ser el mismo del estilo directo o puede cambiar:

> Juan: *"Esta tarde os **llamaré**."*
> Luis: Me he encontrado a Juan y **me ha dicho que** nos **llamará / llamaría** esta tarde.

3. Cuando el verbo introductor es **preguntar** o **responder**, el estilo indirecto sigue las mismas reglas que con **decir**:

> Policía: *"¿Dónde vive Vd?"*
> Detenido: *"No tengo domicilio fijo, duermo en una pensión."*

En estilo indirecto sería:

> *El policía **le preguntó al detenido que dónde vivía** y **éste le respondió que no tenía** domicilio fijo, **que dormía** en una pensión.*

ejercicios

correcciones

1. Imagine que ayer se encontró con una amiga a la que no veía desde hacía tiempo y que le contó un montón de cosas.

1. Voy a cambiar de trabajo, estoy harta de mi jefe.
2. Este año vamos a ir de vacaciones a Marbella.
3. Mi hermano menor no quiere estudiar en la Universidad.
4. Estoy cansada de hacer todos los días lo mismo.
5. Pepe tuvo un accidente con la moto.
6. Mi marido quiere comprar otro coche.
7. A mí sí me gusta el Presidente del Gobierno actual.
8. Estoy haciendo un cursillo de Informática.
9. A mí no me parece caro el piso de Jorge.

aciertos___ /

ejercicios

Ahora imagine que se encuentra con otro amigo/-a y le cuenta lo que le contó ayer la primera.

Ej.: *1. Isabel me contó que iba a cambiar de trabajo porque estaba harta de su jefe.*

2. ....
....

3. ....
....

4. ....
....

5. ....
....

6. ....
....

7. ....
....

8. ....
....

9. ....
....

2. Transforme en Estilo Indirecto.

Ej.: *1. "Mañana os llamaré."*
Él dijo que hoy nos llamaría.

2. "Saldré de casa a las 7."
Ella dijo que ....

3. "Iremos a buscaros al aeropuerto."
Ellos dijeron que ....

4. "No iré a la reunión."
El Sr. Martínez dijo que ....

5. "Te compraremos otra bicicleta para Reyes."
Vosotros me dijisteis que ....

6. "Yo pondré la lavadora todas las semanas."
Tú dijiste que ....

7. "Te esperaré en la cafetería."
Tú dijiste que ....

8. "No volveré a hablar contigo de eso."
Ella dijo que ....

9. "Lo pensaré."
Vd. me había dicho que ....

10. "Yo me ocuparé de todo."
Él decía que ....

aciertos___ / 17

3. Ayer Javier fue a una entrevista de trabajo y le hicieron estas preguntas:

> ¿Dónde ha estudiado?
> ¿Dónde trabaja actualmente?
> ¿Por qué quiere cambiar de trabajo?
> ¿Tiene experiencia en este tipo
> de trabajo? ¿A qué se dedica
> en su tiempo libre? ¿Le gusta viajar?
> ¿Cuántos idiomas habla?

Hoy Javier le cuenta a un compañero/-a lo que le preguntaron:

> Me preguntaron que
> dónde ....1........., que
> dónde........2......... ahora y que por qué
> ....3......... cambiar de trabajo. Luego
> me preguntaron que si ....4.........
> experiencia en ese tipo de trabajo, que a qué
> ....5......... en mi tiempo libre
> y si ....6......... viajar. Al final me
> preguntaron que ....7.........
> idiomas ....8......... .

4. Transforme en Estilo Indirecto.

Ej.: *1. Ella nos dijo: "Nos casamos hace 12 años."*
   Ella nos dijo que se habían casado hacía 12 años.

2. Ellos me dijeron: "Hemos estado de vacaciones en Cancún."

aciertos__ / 10

3. Él comentó: "Antes ganaba más dinero que ahora."

....

4. Ellos nos dijeron: "Nos hemos comprado un chalé porque nos gusta la tranquilidad."

....

5. Él le dijo: "No he visto a Magdalena desde hace un año."

....

6. Ella comentó: "Yo quería ir a Viena pero Javier no quería y al final fuimos a París."

....

7. El guía nos dijo: "La catedral fue construida en el s. XVII."

....

8. El médico me dijo: "Tiene que operarse cuanto antes."

....

9. Él me dijo: "Si no puedo ir a buscarte, te llamaré", pero no ha llamado.

....

10. Tú me dijiste: "Si tú no tienes tiempo, yo compraré las entradas."

....

11. Ella a mí me contó: "Yo siempre he vivido en hoteles de lujo."

....

12. Él me dijo: "Yo antes jugaba muy bien al baloncesto."

....

13. Ellos dijeron: "Encarna va a tener otro niño."

....

14. El hombre del tiempo dijo ayer: "Mañana lloverá."

....

5. Transforme las siguientes frases en Estilo Directo.

> Ej.: *1. Él me dijo que el jueves había ido al cine.*
> *"El jueves fui al cine."*

2. Nos preguntó a todos si teníamos su billetera.

....

3. Me contó que iba a hacer un viaje a Chile.

....

4. Me dijo que su hermana estaba casada con un jugador de fútbol.

....

5. Me preguntó que cuánto me había costado el apartamento de la playa.

....

6. Nos explicó que no había venido a vernos porque a su padre le había dado un infarto.

....

7. Me preguntó que quién me había dicho lo de su ascenso.

....

8. Mi jefe me preguntó que cuándo tendría acabado el proyecto.

....

9. Yo le contesté al juez que el día del robo había salido de mi casa a las 8 y cuarto de la mañana y había vuelto a las 7 de la tarde.

....

6. Completa con el verbo en la forma correcta.

Ej.: *1. Álvaro me llamó para salir y le dije que lo (pensar) pensaría.*

2. Alejandro le dijo a su novia que *(ser)* .... fantástica.

3. Sí, llamé a Ana Mª, pero me dijo que no *(poder)* .... venir porque *(tener)* .... muchas cosas que hacer.

4. El policía me preguntó que dónde *(vivir)* .... y qué *(hacer)* .... en la playa y yo le contesté que *(perderse)* ....

5. Elena me dijo que hoy no *(venir)* .... a comer porque *(estar)* .... muy ocupada en la oficina.

6. Me encontré a José Luis en el banco y me contó que *(separarse)* .... de su mujer porque ella *(ser)* .... muy tacaña.

7. Pues a mí me habían dicho que este restaurante *(ser)* ...... muy bueno y que no *(ser)* ...... nada caro.

8. Miguel le preguntó a Adrián que cuánto *(ganar)* .... y Adrián, muy enfadado, le contestó que no le *(importar)* ....

9. A. Le pregunté a Soledad que dónde *(estar)* .... de vacaciones el verano anterior y me dijo que *(ir)* .... a Canarias con sus hermanos.

  B. ¿Sí? Pues a mí me contó que *(ir)* .... a Baleares con su novio.

aciertos__ / 18

ESTILO INDIRECTO (ORDEN / PETICIÓN)

Observe

forma

Transmitir una orden / petición

Verbo introductor	Estilo Directo	ESTILO INDIRECTO
Presente / Pret. Perfecto	} IMPERATIVO ⟶	**PRES. DE SUBJUNTIVO**
Pret. Perfecto / Pret. Imperfecto / Indefinido / Pret. Pluscuamperfecto	} IMPERATIVO ⟶	**PRET. IMPERFECTO DE SUBJUNTIVO**

PRETÉRITO IMPERFECTO DE SUBJUNTIVO

	cantar	comer	vivir
(yo)	cant-**ara**	com-**iera**	viv-**iera**
(tú)	cant-**aras**	com-**ieras**	viv-**ieras**
(él/ella/Vd.)	cant-**ara**	com-**iera**	viv-**iera**
(nosotros/-as)	cant-**áramos**	com-**iéramos**	viv-**iéramos**
(vosotros/-as)	cant-**arais**	com-**ierais**	viv-**ierais**
(ellos/-as/Vds.)	cant-**aran**	com-**ieran**	viv-**ieran**

- **Irregulares**. El Pretérito Imperfecto de Subjuntivo tiene las mismas irregularidades que el Pretérito Indefinido:

	Pret. Indefinido	Pret. Imperfecto de Subjuntivo
decir	**dijer**-on	**dijera, dijeras**, etc.
estar	**estuvier**-on	**estuviera, estuvieras**, etc.
ir, ser	**fuer**-on	**fuera, fueras**, etc.
poder	**pudier**-on	**pudiera, pudieras**, etc.
poner	**pusier**-on	**pusiera, pusieras**, etc.
tener	**tuvier**-on	**tuviera, tuvieras**, etc.
venir	**vinier**-on	**viniera, vinieras**, etc.

···· *USO* ···

1.

Estilo Directo	ESTILO INDIRECTO
Él dice / ha dicho:	**Él dice / ha dicho / QUE... /**
"Haz los deberes."	...**hagas** *los deberes.*
Él ha dicho / decía / dijo /	**Él ha dicho / decía / dijo /**
había dicho:	**había dicho QUE... /**
"Haz los deberes."	...**hicieras** *los deberes.*

2. En este caso el verbo **decir** tiene el significado de "ordenar", "pedir un favor", "sugerir" y las oraciones subordinadas que dependan de uno de estos verbos llevarán el verbo en subjuntivo:

> *Mi jefe* **me ha dicho / pedido que me quede** *una hora más para terminar el trabajo.*
> *El Ministro de Economía* **pidió** *a la nación* **que hiciera** *un esfuerzo más.*

1. Complete lo que dice la madre.

> Ej.: 1. "Mamá, Óscar no está estudiando la lección."
> Madre: "*Dile a Óscar que la estudie*."

2. "Mamá, Daniel no pone la mesa."
Madre: "Dile a Daniel que ....

3. "Mamá, papá no me ayuda".
Madre: ....

4. "Mamá, María no me da el lápiz."
Madre: ....

5. "Mamá, Beatriz se va ya a su casa."
Madre: ....

6. "Mamá, Paquito se está comiendo todos los caramelos."
Madre: ....

2. Siga el modelo.

> Ej.: 1. "Llámame por teléfono."
> *Él me ha dicho que le llame por teléfono*.

2. "Ven a verme."
Él ha dicho que ....

3. "No vengáis antes de las seis."
Ella ha dicho que ....

4. "Cómprame el periódico."
Él ha dicho que ....

5. "No vuelvas tarde."
Mi madre siempre dice que ....

6. "Cerrad la puerta con llave."
Él dice que ....

7. "Pedidle los diccionarios a la directora."
La profesora nos ha dicho que ....

8. "Ponte los otros pantalones."
Él me ha dicho que ....

9. No le digas nada a Olga."
Ella me ha dicho que ....

10. "Escuchadme."
La profesora dice que ....

11. "Pasen por aquí."
El policía ha dicho que ....

3. Complete el cuadro.

	YO / ÉL / VD.	NOSOTROS
Ej.: 1. ESCRIBIR	*escribiera*	*escribiéramos*
2. LLAMAR	....	....
3. SALIR	....	....
4. RECOGER	....	....

aciertos___ / 21

5. ABRIR ....
6. BEBER ....
7. SALUDAR ....
8. ACOSTARSE ....
9. ENCONTRAR ....
10. BUSCAR ....

4. Ahora complete esta lista de verbos irregulares.

	YO / ÉL / VD.	NOSOTROS
Ej.: 1. SER	_fuera_	_fuéramos_
2. TRAER	....	....
3. VENIR	....	....
4. LEER	....	....
5. PEDIR	....	....
6. DORMIR	....	....
7. IR	....	....
8. VOLVER	....	....
9. DECIR	....	....
10. VER	....	....
11. DAR	....	....
12. PONER	....	....
13. HACER	....	....
14. PODER	....	....
15. SABER	....	....
16. TENER	....	....

5. Repita el ejercicio 2, cambiando el tiempo del verbo DECIR.

Ej.: 1. Él me _dijo_ que le _llamara_ por teléfono.

2. ....
3. ....
4. ....
5. ....
6. ....
7. ....
8. ....
9. ....
10. ....
11. ....

6. Transforme en Estilo Indirecto.

Ej.: 1. "No me esperes a comer, tengo mucho trabajo en la oficina."
El viernes pasado, Aurelio me dijo que no le esperara, que tenía mucho trabajo en la oficina.

2. "Ven a recogerme a casa, tengo el coche en el taller."
Ana me pidió que..
....

3. "Estoy preocupada, quiero hablar contigo, espérame a la salida de la clase."
Julia me contó que ....

4. "Vuelva usted mañana, el coche ya estará arreglado."
Usted me dijo ayer que...

5. "Haced los ejercicios de la lección."
Yo os dije que ....

6. "Quita la tele, me duele la cabeza."
Mi madre me mandó que...

7. "No te preocupes, yo haré la cena."
Mi mujer me dijo que...

8. "Hazme un bocadillo, tengo hambre."
Jorge me pidió que ....

9. "No puedo ir a recogeros al aeropuerto porque tengo una reunión muy importante."
Él nos dijo que ....

10. "¿Quieres comer?, he hecho paella."
Ella me preguntó que ....

11. "Déjame 5.000 ptas, te las devolveré en cuanto pueda."
Francisco me pidió ....

12. "Si no llego a tiempo, no me esperéis."
Él dijo que ....

13. "Cuando llegues a París, escríbenos."
Mis padres me dijeron que ....

14. "No salgáis de casa, hace demasiado frío."
Mamá dijo que...
....

7. Complete con el verbo PEDIR / PREGUNTAR según convenga, en el tiempo que corresponda.

Ej.: 1. Elena me _pidió_ que le trajera la nueva edición del diccionario de la Real Academia de la Lengua.

2. Ellos nos .... que cómo nos había ido el viaje y si habíamos comido.
3. Como no entendía nada, le .... a la profesora que hablara más despacio.
4. Antes de encender el cigarrillo, me .... si podía fumar.
5. Mi padre me .... que vaya estas vacaciones con él a Grecia.

_aciertos___ / 16

6. La dueña del piso nos .... que dejáramos todos los muebles como los habíamos encontrado.
7. El director me .... cuánto tiempo llevaba estudiando Filosofía.
8. Santiago me .... si estoy contento con este trabajo.
9. Manolo me .... que haga yo los exámenes.
10. Los niños .... si vamos a ir al circo.

8. Imagine que Susana fue a la consulta médica y le aconsejaron lo habitual.

Ya sabe, no fume, haga ejercicio, coma muchas verduras y frutas, no tome alcohol ni grasas y, sobre todo, no trabaje demasiado

Al día siguiente, una compañera de trabajo le pregunta qué le dijeron y Susana le responde:

Pues me dijo que no fumara, ...

¿Qué te dijo la doctora?

Tema 15. Puntuación total ___ / 99

*aciertos*___ / 9

ORACIONES FINALES: PARA / PARA QUE / PARA QUÉ

Observe

Vengo **para arreglar** la lavadora

Vaya, qué bien. He llamado **para que vengan** a arreglar la lavadora y ya están aquí

forma

ORACIONES FINALES

PARA	+	**INFINITIVO**
PARA QUE	+	**SUBJUNTIVO**
¿PARA QUÉ	+	**INDICATIVO?**

USO

1. Las oraciones subordinadas que expresan finalidad, introducidas por **para /para que**, pueden llevar el verbo en Infinitivo o en Subjuntivo:

    1. Infinitivo. Cuando el sujeto de los dos verbos es el mismo:
        *He venido **para verte**.*
          (yo)   (yo)
        *Pablo y Nieves están ahorrando dinero **para casarse**.*
        (ellos)   (ellos)

    2. Subjuntivo. Cuando el sujeto de los dos verbos (el principal y el subordinado) es diferente:

*He venido **para que me cuentes** toda la verdad.*
   (yo)   (tú)
*Sus padres lo han mandado a Inglaterra **para que aprenda inglés**.*
   (ellos)   (él)

2. En las oraciones interrogativas introducidas por **¿para qué...?** se utiliza siempre el modo Indicativo:

> *¿**Para qué quieres** más dinero?, no necesitas más.*
> *¿**Para qué vas** a ir a esa reunión?, no van a decir nada nuevo.*
> *¿**Para qué has comprado** tanta carne?*

Observe que estas oraciones son principales, no subordinadas.

ejercicios

1. Relacione.

¿Para qué sirven estos objetos?

1. El abanico		a. conservar las bebidas calientes.
2. El botijo		b. pegar plástico solamente.
3. Este pegamento		c. limpiar manchas difíciles.
4. Esta trituradora	sirve para	d. limpiar alfombras.
5. El termo		e. conservar el agua fresca.
6. Este quitamanchas		f. darse aire.
7. El cepillo		g. picar la carne y otros alimentos.

2. Complete las frases con las del recuadro.

para que le preste el abrelatas	para pagar las letras del coche nuevo
para que no te vean los vecinos	Para llegar hasta allí
<u>para que se duerma</u>	Para estar sano
para que me informen sobre el curso de pintura	para que entre más aire

Ej.: *1. Todos los días tenemos que contarle un cuento al niño <u>para que se duerma</u>.*

2. .... tienes que coger un avión, el tren y dos autobuses.
3. (por teléfono) Buenos días, llamo ....
4. Sal por la puerta de atrás ....
5. .... hay que cuidar la alimentación.
6. Abre la otra ventana ....
7. La vecina ha venido ya tres veces ....
8. Tiene que trabajar horas extras ....

aciertos__ / 14

ejercicios

correcciones

3. Complete las frases con el verbo en Infinitivo, Indicativo o Subjuntivo.

Ej.: *1. Ella se ha comprado otro archivador para <u>organizar</u> todos los papeles que tiene. (organizar)*

2. Juan y Pepita están haciendo un gran esfuerzo para que sus hijos .... en colegios privados. *(estudiar)*
3. ¿Para qué .... tantas patatas?, ya tenemos bastantes. *(comprar, tú)*
4. A veces tengo que hacer milagros para que el sueldo me .... a final de mes. *(llegar)*
5. Hola, Pedro, te llamo para que me .... lo que se ha hablado en la reunión de hoy. *(contar)*
6. Tienes que ir al banco para .... en cuánto se nos van a quedar las letras de la hipoteca. *(preguntar)*
7. Yo no he venido aquí para que .... chismes. *(contar, vosotros)*
8. Dale dinero al niño para que .... chucherías. *(comprarse)*
9. ¿Para qué .... más harina? *(querer, tú)*
10. ¿Has llamado a María para que .... esta tarde a la reunión? *(venir)*
11. El médico te ha recetado los medicamentos para que te los ...., no para que los .... en el armario del cuarto de baño. *(tomar, guardar)*
12. Papá, envíame dinero para .... el alquiler del piso. *(pagar)*
13. ¿Para qué .... a Paco que vamos a ir al cine esta tarde? *(decir, tú)*
14. Cierra bien la puerta para que no .... aire. *(entrar)*
15. Descuelga el teléfono para que no nos .... nadie. *(molestar)*
16. Ya solo nos faltan siete días para .... el sueldo. *(cobrar)*
17. Buenos días, necesito una sartén para .... huevos. *(freír)*

4. Complete las frases con PARA / PARA QUE / PARA QUÉ + uno de los verbos del recuadro en el tiempo adecuado.

<u>ver</u> (2)	ser	distraerse	tomarse	cenar
querer	reírse	echarles	salir	estar

Ej.: *1. Te he traído un regalito <u>para que veas</u> que no te guardo rencor.*

2. Alquilaremos el mismo chalé del año pasado .... cerca de mis padres.
3. .... rico no es imprescindible trabajar mucho.
4. Asómate a la ventana .... si vienen ya los invitados.
5. Toma una propina, Juanjo, ... algo.
6. Tenemos que llamar a Ángel .... más de casa y .... porque está bastante deprimido.
7. Marcos hace mucho el payaso en la oficina .... sus compañeros ....
8. Se pusieron sus mejores trajes .... con el Ministro.

aciertos___ / 26

9. Te mandaré los papeles por correo .... un vistazo.

10. ¿...................... el coche? Es la tercera vez que me lo pides en una semana.

aciertos___ / 2

5. Complete libremente.

1. Mi socio se ha comprado un coche nuevo para...................................
....

2. El profesor levanta la voz para ....
....

3. María tiene que ir al médico para...
....

4. Lola le ha comprado un despertador a Andrés para ....
....

5. Ha ido a Brasil para..
....

ORACIONES TEMPORALES: CUANDO / CUÁNDO

Observe

1
¿Te acuerdas? Este árbol lo plantamos **cuando nació** Pablo

2
¿**Cuándo vas** a invitarme a la ópera?

Cuando me **suban** el sueldo

forma

ORACIONES TEMPORALES

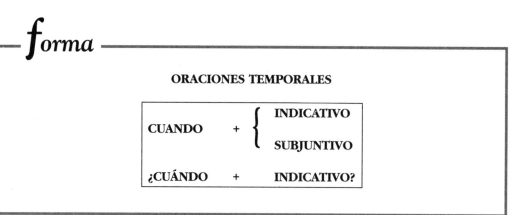

CUANDO	+	{	INDICATIVO
			SUBJUNTIVO
¿CUÁNDO	+		INDICATIVO?

USO

1. Las oraciones subordinadas temporales introducidas por **cuando** pueden llevar el verbo en Indicativo o Subjuntivo:

> 1. Indicativo
>
> > Cuando hablamos del pasado:
> > *Cuando era pequeño, vivía en Salamanca.*
> > *Ayer, cuando llegué a casa, llamé a Eduardo.*

Cuando hablamos del presente:
*Luis siempre me trae bombones **cuando viene** a verme.*

2. Subjuntivo

Cuando hablamos del futuro:
***Cuando tenga** dinero me compraré otro coche.*
***Cuando veas** a María, dale recuerdos.*

2. Las oraciones interrogativas introducidas por **¿Cuándo...?** siempre llevan el verbo en Indicativo:

*¿ **Cuándo has venido** de tu viaje?*
*¿ **Cuándo irás** a ver a tu padre?*
*No sé **cuándo volverá** mi hermana.*

3. Algunas veces, las oraciones introducidas por **cuando** pueden tener cierto valor condicional:

***Cuando apruebes** todas las asignaturas te compraré la moto.=*
***Si apruebas** todas las asignaturas te compraré la moto.*

Observe que entonces **cuando** lleva el verbo en subjuntivo *(apruebes)* y en cambio **si** lo lleva en indicativo *(apruebas).*

ejercicios

correcciones

1. Relacione.

1. Cuando uno se encuentra mal
2. Él comprendió el problema
3. Cuando no duerme bien
4. Cuando llego a casa
5. Cuando tenía 18 años
6. Cuando llegamos al Parador
7. Empezaremos a cenar
8. Saldremos

a. cuando deje de llover.
b. no había habitaciones libres.
c. está de mal humor.
d. conoció a su mujer.
e. cuando lleguen los invitados.
f. cuando se lo expliqué.
g. va al médico.
h. el perro me recibe muy contento.

2. Siga el modelo.

Ej.: *1. A. Vosotros / casarse*   *B. Nosotros / ahorrar / bastante*
¿Cuándo os vais a casar?   *Cuando ahorremos bastante.*

2. A. (Tú) / hacer / tu cama   B. Terminar / la película
....

3. A. (Tú) / acostarse   B. Tener / sueño
....

4. A. (Tú) / venir / a mi casa   B. Tener / un rato libre
....

aciertos___ / 14

5. A. Terminar / la guerra
....

B. Los políticos / querer
....

6. A. (Tú) / hacer / otro viaje
....

B. Ellos / darme / vacaciones
....

7. A. ser / las elecciones
....

B. El Presidente / convocarlas
....

3. En las frases siguientes, subraye el tiempo más adecuado.

Ej.: *1. A. Maite, ¿cuándo vayamos / vamos a ir a la feria?*
B. Cuando yo <u>terminaré / termine</u> *lo que estoy haciendo.*

2. Cuando el médico estaba cenando, lo *llamaron / llaman* urgentemente del hospital.
3. Cuando *vayamos / iremos* a esquiar, *tendremos / tengamos* que alquilar los esquíes.
4. Este árbol lo planté cuando *nació / nazca* mi hija Victoria.
5. Cuando Vd. *beba / bebe* alcohol, no conduzca.
6. Cuando mis padres murieron, mi hermano mayor se *quede / quedó* con la casa.
7. Cuando *era / sea* joven, tuvo un accidente grave y pasó varios meses ingresado en el hospital.
8. Préstame una película de vídeo, te la devolveré cuando la *veré / vea*.
9. Cuando *vengas / vendrás* a mi casa la próxima vez te *enseñaré / enseñe* las fotos de mi boda.
10. Cuando *puedes / puedas*, ven a echarme una mano.
11. Veré otra vez a mis amigos cuando *vaya / iré* a Madrid.
12. Cuando *necesites / necesitarás* ayuda, no *dudes / dudas* en llamarnos.
13. Cuando *verás / veas* a Pepita, dale recuerdos de mi parte.
14. Me voy fuera, te llamaré cuando *volveré / vuelva*.

4. Complete las frases con el verbo en el tiempo y modo más adecuados.

Ej.: *1. Te veré otra vez cuando* <u>vuelvas</u> *a España. (volver, tú)*

2. Avísame cuando .... de llover. *(dejar)*
3. Cuando la policía .... el cadáver, detuvo a los sospechosos. *(descubrir)*
4. Cuando ...., ella siempre llama por teléfono. *(poder)*
5. Cuando ...., llámame por teléfono. *(poder, tú)*
6. Cuando ...., iba a visitar a su madre. *(poder, él)*
7. Cuando .... joven, yo vivía en Barcelona. *(ser)*
8. Tengo que llevar el coche a cambiarle el aceite, cuando .... tiempo. *(tener)*
9. María, espérame en la cafetería cuando................. de clase. *(salir)*
10. Cuando .... a Rafael, dile que no puedo ir a la reunión de departamento porque voy a salir de viaje. *(ver, tú)*
11. Yo, cuando un amigo me................., dejo de hablarle. *(traicionar)*
12. Aquí, cuando .... el tranvía, murieron varias personas *(caerse)*.

13. Yo, cuando .... muy cansado, no conduzco, me paro a descansar. *(estar)*
14. Yo, cuando .... seguro de que mi novia me quiere, me casaré. *(estar)*
15. Cuando .... bien los verbos irregulares, me lo dices. *(saber, tú)*
16. Juan, avísame cuando .... a sacar el coche, he aparcado el mío delante del tuyo. *(ir, tú)*
17. Esta novela es fabulosa. Cuando .... de leerla, te la dejaré. *(terminar, yo)*
18. Y tú, Juanito, ¿qué vas a ser cuando .... mayor? *(ser)*
19. Luis, cuando ...., es muy amable. *(querer)*
20. Algunos hombres sólo colaboran en las tareas de la casa cuando las mujeres .... enfermas. *(estar)*

5. Complete el hueco con CUANDO o SI.

Ej.: *1. Si no puedes, no vengas a buscarme esta tarde.*

2. .... Jesús no aparece hoy en su trabajo, llamaremos a la policía.
3. .... puedas, pásate por mi casa a recoger tus herramientas.
4. .... no se le quita ese dolor de cabeza con estas pastillas, vuelva a verme.
5. Vamos, date prisa, ... llegamos tarde, el profesor nos va a echar una bronca.
6. .... vayas a París, no dejes de ver el Louvre, es fabuloso.
7. .... ves a Adrián, dile que no se preocupe por mí, que estoy bien.
8. .... veas a tu madre, dale recuerdos de mi parte.
9. .... tenga un momento, quiero acercarme a ver a Clara.
10. .... a ti no te gusta esta librería, no la compramos.

aciertos__ / 17

6. Complete las frases libremente, utilizando CUANDO + SUBJUNTIVO.

Ej.: *1. Iremos a la playa cuando haga buen tiempo*

2. Tendremos un hijo..
....
3. Dice que se comprará un apartamento..
....
4. Llamaré por teléfono a Jacinto...
....
5. Ellos limpiarán la cocina ....
....

ORACIONES TEMPORALES: ANTES DE (QUE) / DESPUÉS DE (QUE) / HASTA (QUE)

Observe

*¿Terminaremos **antes de comer**?*

*Sí, hay que terminar **antes de que vengan** los directivos*

*No saldrás a jugar **hasta que no termines** todos los deberes*

*Rafa, por favor, acuéstalo **después de darle** el biberón*

*Rafa, por favor, acuéstalo **después de que se tome** el biberón*

---

forma

ORACIONES TEMPORALES

ANTES DE DESPUÉS DE HASTA	+	INFINITIVO
ANTES DE QUE	+	SUBJUNTIVO
DESPUÉS DE QUE HASTA QUE	+	INDICATIVO / SUBJUNTIVO

···· USO ·········

1. ANTES DE / ANTES DE QUE

Las oraciones introducidas por **antes de** pueden ir en Infinitivo o Subjuntivo:

    1. Infinitivo. Cuando el sujeto de los dos verbos es el mismo:
      ¿Terminaremos ***antes de comer?***
      (nosotros)   (nosotros)

    2. Subjuntivo. Cuando el sujeto de los dos verbos no es el mismo:
      Vamos a terminar, ***antes de que venga*** *el jefe.*
      (nosotros)   (él)

2. DESPUÉS DE / DESPUÉS DE QUE

    1. Las oraciones introducidas por **después de** van normalmente en Infinitivo:
      Nos iremos al cine ***después de cenar***.

    2. Aunque es poco usual, es posible encontrar el verbo en Subjuntivo cuando el suje-
to de los dos verbos es diferente:
      Nos iremos al cine ***después de que llegue*** *la «canguro».*
      (nosotros)   (ella)

3. HASTA / HASTA QUE

Las oraciones introducidas por **hasta que** pueden ir en Indicativo, Subjuntivo o Infinitivo:

    1. Indicativo. Cuando hablamos del presente o del pasado:
      Mi madre no se acuesta ***hasta que yo llego***.
      La gente no se fue a casa ***hasta que le dijeron*** *que no había peligro.*

    2. Subjuntivo. Cuando hablamos del futuro:
      No cenaremos ***hasta que venga*** *papá.*

    3. Aunque es poco usual, es posible encontrar el verbo en Infinitivo cuando el suje-
to de los dos verbos es el mismo:
      Bailó ***hasta caer*** *rendida.*

ejercicios

correcciones

1. Complete las frases con los elementos de los recuadros A y B.

antes de	después de
	A

ver a Pedro en el hospital	salir de viaje	cruzar la calle
comprar un piso <u>comer</u>	salir del trabajo	entrar **B**

Ej.: *1. Jorge, lávate las manos <u>antes de comer</u>.*

2. No olvidéis cerrar el gas ....
3. Por favor, dejen salir del tren ....
4. Me he quedado muy deprimida ....
5. Normalmente vamos a tomar una cerveza ....
6. ...., hay que mirar a derecha e izquierda.
7. ...., hay que pensárselo bien, están por las nubes.

2. Siga el modelo.

Ej.: *1. Yo / comer. Ellos / venir.*
Yo voy a comer antes de que ellos vengan.

2. Él / hacer ese recado. Las tiendas / cerrar

....

3. Nosotros / salir. Ser más tarde

....

4. Yo / comprar el periódico. Terminarse / (el periódico)

....

5. Ellos / cambiarse de casa. Nacer / el niño

....

6. Nosotros / ordenar la casa. Venir / mis padres

....

7. Yo / comer la sopa. Enfriarse / (la sopa)

....

8. Yo / terminar el informe. Venir / el director

....

3. Complete las frases con el enlace + el verbo en la forma más adecuada.

DESPUÉS DE	+	INFINITIVO
ANTES DE	+	INFINITIVO
ANTES DE QUE	+	SUBJUNTIVO

Ej.: *1. <u>Antes de salir</u> al extranjero, comprueba que tienes todos los documentos en regla. (salir)*

aciertos___ / 13

2. Llama al fontanero, ... el agua .... al piso de abajo. *(llegar)*
3. Yo siempre pido permiso .... un cigarrillo. *(encender)*
4. Nos gusta ver la tele un rato, ... *(cenar)*
5. Tenemos que ver sin falta a Antonio y Puri,............................ las Navidades. *(llegar)*
6. El domingo, ... la exposición, nos fuimos a comer a un restaurante barato. *(ver)*
7. Vamos a comprar palomitas de maíz, ... la película. *(empezar)*
8. .... a una entrevista de trabajo, debes prepararte concienzudamente. *(ir)*
9. Federico .... la a ella, nunca había salido con ninguna chica. *(conocer)*
10. .... otro equipo de música, avísame. *(comprar)*
11. .... la carrera de piano, Eva no ha vuelto a tocar más. *(terminar)*
12. Hay que hacer algo por esa gente, ... *(morir)*
13. Mi madre, ... me dijo que yo había sido su hijo preferido. *(morir)*
14. .... con ellos, pregúntales por qué no vinieron el otro día, como habían dicho. *(enfadarse)*

4. Complete las frases con el verbo en el tiempo adecuado.

> Ej.: 1. *No podemos movernos de aquí hasta que no vengan a relevarnos.*

2. No te levantarás de la mesa hasta que no te lo .... todo. *(comer)*
3. No hagas ninguna gestión hasta que yo te lo .... *(decir)*
4. En España, la mayoría de los chicos y chicas viven con sus padres hasta que .... *(casarse)*
5. Te esperaré hasta que .... lo que tienes que hacer. *(terminar)*
6. Cuando hay un accidente de carretera, no debe mover a los heridos hasta que .... la ambulancia o un médico. *(llegue)*
7. Él gritó y gritó hasta que nosotros .... y le dijimos que se callara. *(hartarse)*
8. No me lo creeré hasta que no lo .... *(ver)*
9. Ellos vivieron en ese piso hasta que los .... *(echar)*
10. No me des ninguna respuesta hasta que .... seguro. *(estar)*
11. Estuvimos esperando hasta que .... de llover. *(dejar)*
12. Si yo tardo un poco, él siempre espera hasta que ....
13. La gente se aburría en la fiesta hasta que .... ellos y .... a cantar y bailar. *(llegar, ponerse)*
14. ¿Te han robado en casa?... No muevas nada hasta que .... la policía. *(venir)*

correcciones

15. No puedes salir del hospital hasta que el médico no te .... el alta. *(dar)*

5. Primero, piense en algunas cosas que tiene que hacer la gente antes o después de una de estas situaciones.

| a) hacer un viaje largo | b) buscar un trabajo | c) buscar un piso |

Luego, escriba recomendaciones como si un amigo-a estuviera en esa situación. Utilice lo aprendido en esta lección.

Ej.: *a)*

hacer la maleta   comprar una guía turística
sacar el billete   deshacer la maleta
descansar   enseñar a los amigos las fotos

Antes de hacer la maleta, tienes que sacar el billete.
Después de descansar, tienes que enseñar las fotos a tus amigos.

....
....
....

b)
....
....
....
....
....

c)
....
....
....
....
....

6. Forme una frase nueva, haciendo la transformación necesaria, como en el modelo.

Ej.: *1. Estoy terminando la novela. Después me acostaré.*
Me acostaré después de terminar la novela.

2. Va a empezar a llover. Antes tenemos que comprar.
(nosotros) .... antes de que ....
....

3. Volverás de la mili. Ven a verme.
(tú) .... cuando ....
....

4. Volverás de la mili. Ven a verme.
   (tú) .... cuando ....
   ....

5. Los invitados van a venir. Yo voy a preparar las cosas.
   Yo .... antes de que ....
   ....

6. Voy a alquilar un piso para vivir. Después te vendrás conmigo.
   Tú .... cuando ....
   ....

7. Siempre come en casa. Después se va al bar a tomar el café.
   .... después de ....
   ....

8. Yo vendré a buscarte. Tú quédate aquí.
   Tú .... hasta que yo ....
   ....

9. Terminaré la Universidad. Haremos un viaje por Europa.
   Nosotros .... después de que yo ....
   ....

10. Nos enteramos de la noticia. Después le escribimos una carta.
    .... cuando ....
    ....

aciertos__ / 9

ARTÍCULOS DETERMINADOS E INDETERMINADOS

Observe

forma

ARTÍCULOS

		Determinados			Indeterminados	
		Género			**Género**	
		Masc.	Fem.	Neutro	Masc.	Fem.
Número	Singular	**EL**	**LA**	**LO**	**UN**	**UNA**
	Plural	**LOS**	**LAS**		**UNOS**	**UNAS**

···· *USO* ···

1. Artículos determinados. Se usan:

    1. Cuando hablamos de algo que conocemos o que queremos concretar:
        Dame **el libro de español**.
        Pásame **el azúcar**.

    2. Con los días de la semana y las horas:
        Los lunes, a las siete, *voy a clase de pintura*.

    3. Delante de *señor, señora* y *señorita* si se mencionan en tercera persona:
        Buenos días, ¿está **la señorita Romero**?,
        mientras que:
        ¡Señorita Romero!, *¿puede venir, por favor?*

    4. Cuando hablamos de cosas únicas:
        La Luna, la Tierra, el Presidente, la vida.

    5. Con el verbo **gustar** y otros de similar significado:
        A. *A mí* **me encantan los bailes de salón**.
        B. *Pues* **yo prefiero los bailes regionales**.

    6. Los nombres abstractos también suelen utilizarse con el artículo determinado:
        La felicidad *total no existe.*

    7. Podemos decir que cuando usamos el artículo determinado nos referimos a todas las cosas incluidas en el término que empleamos. Si decimos, p. ej.:
        Nos gusta la **música**,
    nos referimos a la música en general.

    8. También se puede observar lo mismo en la oposición: con artículo / sin artículo:
        Juan, saca **el dinero del banco** (= todo el dinero que tenemos en el banco).
        Juan, **saca dinero del banco** (= una parte no especificada del dinero que tenemos en el banco).

2. Artículos indeterminados. Se usan:

    1. Cuando mencionamos algo por primera vez:
        He visto **unos muebles antiguos** *muy bonitos.*

    2. Con el verbo **haber**:
        Mira, ahí **hay una pluma**.

    3. Con nombres de profesión:
        Me atendió **una enfermera** *muy amable.*

4. Cuando hablamos de cosas conocidas de todos, pero no queremos especificar:

   *El fin de semana fuimos a casa de **unos amigos**.*

   *He comprado **unas manzanas** y **unas peras**.*

   Pero también se puede decir:

   *He comprado **manzanas** y **peras**.*

3. No se usa artículo:

1. Con nombres de profesiones:

   *Ella **es periodista**.*

   Pero:

   *Ella **es una periodista muy famosa**.*

2. Con muchos nombres que no tienen la función de sujeto:

   ¿Tienes coche?

   *Ella nunca **come carne**.*

   Pero:

   *Hoy **he comido una carne buenísima** en casa de Pepe.*

4. Artículos determinados con nombres propios

1. Como regla general, los nombres propios no llevan artículo, pero excepcionalmente, algunos nombres de países, ciudades o regiones suelen llevar un artículo determinado:

   ***La India, La Coruña, La Rioja, El Escorial, El Cairo**.*

2. También usamos el artículo determinado delante de *río, calle, montes, sierra, mar, islas,* etc., cuando les sigue el nombre propio:

   ***El río Manzanares** pasa por Madrid.*

   ***La calle San Benito** es muy larga.*

   Si omitimos las palabras *río, monte, mar,* etc., se sigue usando el artículo:

   ***El Tajo** pasa por Toledo.*

   ***Las Baleares** están en el Mediterráneo.*

5. Artículo neutro LO

El artículo neutro **lo** convierte en un nombre la palabra o frase a la que precede. Se usa:

1. Delante de un adjetivo:

   ***Lo importante** es que tú seas feliz.*

2. Delante de un adverbio:

   *No sabes **lo bien** que está mi abuelo.*

3. En las oraciones de relativo:

   *No se me ha olvidado **lo que dijiste**.*

4. Para referirse a algo conocido por el interlocutor sin nombrarlo exactamente. **LO DE + un nombre** equivale a *"el asunto de"* + **un nombre**:

    A. *¿Qué tal la reunión?*

    B. *Regular. Nos pasamos el tiempo hablando de* ***lo de Aurora***.

ejercicios

corecciones

1. Complete las frases con un artículo determinado (EL / LA / LOS / LAS) o ponga un guión si no se necesita artículo.

    Ej.: *1. Cristina tiene __el__ pelo largo y __los__ ojos muy grandes.*

2. Hoy he tenido .... problemas con .... coche, no arrancaba.
3. Hoy .... plátanos están carísimos.
4. .... moscas son unos insectos bastante pesados.
5. A nosotros nos gustan mucho .... castañas asadas.
6. No es bueno que .... niños vean mucho .... tele.
7. ¿Tienen .... pescado fresco?
8. Álvaro tiene .... problemas típicos de sus dieciséis años.
9. ¿Habéis traído .... coche?
10. ¿Tú sabes .... teléfono de Purificación García?
11. Yo no escucho nunca .... radio. Bueno, la verdad es que no tengo radio.
12. ¿A qué hora es .... cena?
13. .... vida en este país es muy dura.
14. .... Tierra da vueltas alrededor de .... sol.
15. Amalia tiene pánico de .... perros.
16. A ella le gusta mucho trabajar con .... manos.
17. En general, ... abogados ganan más que .... médicos.
18. Nunca bebe ....alcohol.
19. Yo todos los días escucho .... música clásica.
20. Él dice que .... matemáticas son muy difíciles.
21. Estuvo cinco años en .... prisión de Ocaña.
22. ¿Por qué no han ido hoy .... niños a .... colegio?
23. El profesor no ha venido hoy a .... clase.
24. .... Sr. Rodríguez, le presento a .... señora Herrero.

2. Complete las frases siguientes con un artículo indeterminado (UN / UNA / UNOS / UNAS) o ponga un guión si no se necesita artículo.

    Ej.: *1. ¿Te gustaría ser __...__ bombero?*

2.   A. ¿Qué llevas en esa bolsa?
      B. .... patatas.
3. Este fin de semana he estado en La Coruña con .... amigos.

4. Estoy desesperado, no tengo .... dinero, no tengo .... trabajo, no tengo .... amigos, no tengo .... novia.

5. Él siempre le regala .... ramo de flores por su cumpleaños.

6. Tienes .... hijos encantadores.

7. ¿Tienes .... hijos?

8.   A. ¿Tienes patatas para hacer .... tortilla?
     B. Patatas, sí, pero no tengo huevos.

9. Luisa es .... chica rara, no sale nunca.

10. Me han dicho que en ese cine ponen .... películas muy buenas.

11. Si quieres ir a ese país, necesitas .... visado especial.

12. Para ir a Brasil quizás no necesitas .... abrigo.

13. Yo conozco a .... chico que es .... futbolista.

14. Si necesitas .... buen mecánico, yo te puedo recomendar uno.

15. Los padres de mi mujer eran .... profesores.

16. El novio de mi hermana es .... mecánico.

17. Cuando Ángel fue a la universidad, tuvo .... profesores magníficos.

18. Cuando Rocío era .... niña no le gustaban las muñecas.

19. En ese piso vive .... familia rarísima.

20. Lo siento, aquí no hay .... calamares.

3. Diga si las frases siguientes son correctas o no. Si no lo son, ponga la corrección al lado de cada una.

> Ej.: *1. La Coruña está en Galicia.* BIEN
> *2. Everest es el pico más alto del mundo.* MAL

3. Santander está en norte de España.

....

4. Río Tajo desemboca en Lisboa.

....

5. Las islas Canarias son preciosas.

....

6. Mar Mediterráneo no tiene muchos peces.

....

7. Al otro lado de estrecho de Gibraltar está África.

....

8. La Andalucía es rica en sol.

....

9. La Mancha tiene queso y vino.

....

10. Ernesto está esquiando en Pirineos.

....

11. En el norte de Europa el clima es frío.

....

12. El Ebro es el río más grande de España.

....

ejercicios

4. Subraye la opción más adecuada.

Ej.: *1. Lo / El que no entiendo es por qué te empeñas en estudiar lo / el mismo que lo / el año pasado.*

2. Nadie sabe qué es *el / lo* mejor en la vida.
3. ¿Le has dicho ya a tu hermano *el / lo* de la herencia?
4.   A. ¿Quién es *el / lo* de la chaqueta gris?
     B. Es Vicente, el periodista de la radio.
5. ¿Qué es *el / lo* que te dijo ayer el director? Saliste muy nervioso de su despacho.
6. No podemos ir andando, ¿tú sabes *el / lo* lejos que está eso?
7. ¿Quién fue *el / lo* que te dijo que tú podías ser actriz?
8. No te preocupes por el/lo suspenso. *El / lo* importante es que te recuperes de tu enfermedad.
9. ¿Te has enterado ya de *el / lo* disgusto que han tenido los del sexto?
10. ¿Te has enterado de *el / lo* de Rosa y Paco?
11. Aquí hay varios libros, ¿cuál es *el / lo* de Rosa y Paco?

5. En las siguientes frases, escriba, si son necesarios, un artículo Determinado o Indeterminado. A veces hay más de una posibilidad.

Ej.: *1. Anoche él tenía ... cigarrillos, pero no tenía ... fuego.*

2. En ...... cena de Gema comimos ...... jamón y ...... lomo.
3. ¿Te apetece ...... café?
4. ¿Tienes ...... trapo? Acabo de derramar ...... café que me has puesto.
5. ¿Quieres ...... hielo para ...... bebida?
6. ...... servicio en este restaurante no es tan bueno como antes.
7. ¿Has visto a ...... cartero? Estoy esperando ...... paquete.
8. ...... paquete que me envió mi madre contenía ...... chorizo.
9. Hay gente que dice que este país necesita ...... gobierno con ...... líder fuerte.
10. Mira, ese niño tiene ...... ojos preciosos.
11. ¿Te acordarás de comprar ...... acelgas?
12. ¿Qué va a hacer ...... Gobierno para acabar con ...... paro?
13. Él ingresó en ...... Ejército porque le gustaba jugar con ...... armas.
14. "Haz ...... amor, no ...... guerra."
15. ...... Sr. García es ...... cuñado de ...... Sra. Pérez.
16. Iré a tu casa ...... lunes por ...... tarde.

aciertos__ / 37

Tema 19. Puntuación total __ / 99

ESPERO / QUIERO / PREFIERO / NECESITO + INFINITIVO / QUE + SUBJUNTIVO

**Observe**

Amalia, ¿**puede venir** un momento? **Necesito hablar** urgentemente con Vd.

Federico, **necesito que me hagas** un favor. ¿**Puedes venir** esta tarde?

1a

1b

2

¿**Quiere** Vd. **que** le **ayude**?

3

Querido Damí:
Esperamos que pases un feliz CUMPLEAÑOS con todos tus amiguitos.
Con cariño,
tus abuelos
Luisa y Ramón

forma

ESPERO QUIERO PREFIERO NECESITO	} +	INFINITIVO
ESPERO QUIERO PREFIERO NECESITO	} + QUE +	SUBJUNTIVO

···· USO ··

Las oraciones subordinadas dependientes de verbos que sirven para expresar deseo, necesidad y mandato, pueden llevar el verbo en Infinitivo o en Subjuntivo:

1. Infinitivo. Cuando el sujeto de los dos verbos es el mismo:
   A. *Isabel, ¿te vienes a dar una vuelta?*
   B. *No.* **Prefiero quedarme** *en casa viendo la película.*
   $\quad\quad$ (yo) $\quad\quad$ (yo)
   Ellos **no necesitan trabajar** *para vivir.*
   $\quad\quad$ (ellos) $\quad$ (ellos)

2. Subjuntivo. Cuando el sujeto de los dos verbos no es el mismo:
   A. *¿Qué hacemos, jugamos a las cartas o te leo un cuento?*
   B. **Yo prefiero que me leas** *un cuento.*
   $\quad\quad$ (yo) $\quad\quad\quad\quad$ (tú)
   Espero que me llames para ir al cine uno de estos días.
   $\quad$ (yo) $\quad\quad\quad\quad$ (tú)

ejercicios

correcciones

1. Complete las frases con uno de los verbos del recuadro. Cada uno se repite dos veces.

Necesitas	Prefiero	No quiero	Espero

Ej.: 1. *No quiero que te levantes* de la cama, estás fatal.

2. .... que mi equipo gane la liga este año.
3. .... llegar a tiempo a la reunión, ya sólo faltan 5 minutos.
4. .... llegar tarde.
5. .... que alguien te ayude.
6. .... comprarme un libro, no quiero más discos.
7. .... descansar, pareces cansado.
8. .... ir andando, está muy cerca.

2. Relacione.

1. ¿A quién quiere
2. ¿Para qué queréis
3. ¿Por qué quieres
4. ¿Qué quieren
5. ¿Dónde quieren
6. ¿Qué quieres

a. venir con nosotros?
b. hacer esta tarde?
c. sentarse los señores?
d. cambiarte de piso otra vez?
e. ver Vd.?
f. tomar ustedes?

*101 uso **intermedio***

aciertos__ / 13

3. Complete las frases con uno de los verbos del recuadro en Subjuntivo.

elegir	ir	ayudar	<u>ser</u>	fumar
acabar	prestar	saber	ganar	

Ej.: *1. No les digas nada de la fiesta a tus amigos. Quiero <u>que sea</u> una sorpresa.*

2. Pablo está otra vez sin dinero. Necesita que tú le .... algo.
3. A. Mañana juegan el Real Madrid y el Deportivo de La Coruña.
   B. ¿Sí? Yo prefiero que .... el Deportivo.
4. Apaga el cigarrillo, el director no quiere que .... aquí.
5. A. ¿A qué restaurante vamos?
   B. No sé, prefiero que .... tú.
6. A. ¿Cómo va la reforma de vuestra cocina?
   B. Esperamos que los albañiles .... antes de final de mes.
7. ¿Vas a dejar el trabajo? Espero que .... bien lo que haces.
8. El no puede hacerlo todo solo. Necesita que alguien le ....
9. A. ¿Qué han dicho tus tíos?
   B. Que quieren que nosotros .... a su casa para Navidad.

4. Complete las frases con el verbo en INFINITIVO o SUBJUNTIVO. No olvide cuándo hay que poner QUE delante.

Ej.: *1. ¿Quieres <u>casarte</u> conmigo? (casarse)*

2. Yo prefiero .... en el departamento comercial. *(trabajar)*
3. Nosotros invitamos a Lola a la boda, pero ella no quiso .... *(venir)*
4. Espero .... antes de las 12. *(volver, tú)*
5. Deseo .... muy felices. *(ser, vosotros)*
6. Adiós, esperamos .... pronto otra vez. *(ver, a vosotros)*
7. ¿Necesitas .... con el niño mientras tú haces la compra? *(quedarme, yo)*
8. Necesito .... un favor, ¿puedes traerme el periódico? *(hacer, tú a mí)*
9. ¿Dónde queréis .... de vacaciones? *(ir, nosotros)*
10. ¿Dónde está la secretaria?, necesito .... con ella inmediatamente. *(hablar)*
11. Nosotros preferimos .... nuestros hijos .... en un colegio público. *(estudiar)*
12. Espero .... a mi fiesta de cumpleaños. *(venir, tú)*
13. Deseo .... todas mis joyas .... para mi hija mayor. *(ser)*
14. Necesito .... la verdad sobre mi enfermedad. *(decir, ellos a mí)*
15. Mañana quiero .... aquí sin falta. *(ver, a ti)*
16. Su padre no quiere .... tan pronto, es muy joven. *(independizarse, él)*

17. Si él espera .... le .... perdón, está equivocado.
    (pedir, yo a él)
18. No pasa nada, pero prefiero .... nadie me ....
    salir de aquí a estas horas. *(ver)*
19. No haré eso, no quiero .... en la cárcel. *(acabar)*
20. No vayas andando, prefiero .... un taxi. *(coger, tú)*

5. Ofrezca ayuda.

Ej.: *1. Vd. / yo / ayudar / a Vd.*
     <u>*¿Quiere que le ayude?*</u>

2. Vosotros / yo / quedarse / con los niños
....
3: Tú / yo / llevar al aeropuerto / a ti
....
4. Tú / yo / traer el periódico / a ti
....
5. Tú / yo / ir al médico contigo
....
6. Vosotros / yo / llamar a vuestra familia
....
7. Vosotros / nosotros / esperar en la cafetería
....
8. Vosotros / yo / hacer la compra
....
9. Tú / yo / hablar con ella
....
10. Vd. / yo / venir el sábado a trabajar
....

aciertos___ / 13

6. Escriba varias frases utilizando lo que ha aprendido.

1. Espero que ....
2. No queremos..
3. Necesitan...
4. Preferimos ....
5. ¿Queréis..
6. ¿Necesitas que...
7. Espera ....

Tema 20. Puntuación total ___ / 51

ES UNA PENA / QUÉ PENA / ES RARO / QUÉ RARO + QUE + PRESENTE o PERFECTO DE SUBJUNTIVO

Observe

forma

ES UNA PENA / QUÉ PENA ES RARO / QUÉ RARO	} + QUE + {	Presente de Subjuntivo Pretérito Perfecto de Subjuntivo

PRETÉRITO PERFECTO DE SUBJUNTIVO

Presente de Subjuntivo de HABER		Participio pasado
(yo)	**haya**	
(tú)	**hayas**	
(él/ella/Vd.)	**haya**	cant-**ado**
(nosotros/-as)	**hayamos**	beb-**ido**
(vosotros/-as)	**hayáis**	sal-**ido**
(ellos/-as/Vds.)	**hayan**	

···· USO ··

1. El **Pretérito Perfecto de Subjuntivo** expresa acciones pasadas y acabadas. Se utiliza siempre en todos los casos en que se requiera el modo subjuntivo:

> *Cuando hayas estudiado todos los verbos, te los preguntaré.*
> A. *En Valencia ha llovido mucho este fin de semana.*
> B. *¡Ojalá no se haya desbordado el río!*

2. Las oraciones que sirven para expresar opiniones y sentimientos, como **Es una pena / Qué pena / Es raro / Qué raro**, llevan el verbo subordinado en Subjuntivo. Si expresan una acción pasada van en Pretérito Perfecto de Subjuntivo:

> *Es una pena que no hayáis venido al concierto. Ha sido estupendo.*
> A. *Esta tarde no ha habido ninguna llamada telefónica.*
> B. *No es raro que no haya habido ninguna llamada. El teléfono no funciona.*

ejercicios

1. Siga el modelo y elija entre QUÉ PENA y QUÉ RARO.

> Ej.: *1. Él siempre viene a buscarme al aeropuerto, pero hoy no ha venido.*
>   <u>*Qué raro que no haya venido a buscarme.*</u>
>   *2. Ella se ha quedado sin trabajo.*
>   <u>*Qué pena que se haya quedado sin trabajo.*</u>

3. Ellos siempre salen los fines de semana y éste no han salido.

....

4. Ellos se llevaban bien, pero se han divorciado.

....

5. Los vecinos eran muy simpáticos, pero se han mudado de piso.

....

6. Las vacaciones se nos han terminado.

....

7. El cajero del banco se ha marchado sin decir nada.

....

8. Alejandro ha suspendido las Matemáticas.

....

9. Los precios han bajado.

....

10. A nosotros no nos ha tocado la lotería.

....

2. En las frases siguientes, escriba el verbo en el tiempo adecuado del Subjuntivo (Presente o Pret. Perfecto).

> Ej.: *1. Es una pena que Ignacio no <u>pueda</u> venir a la excursión el domingo que viene.*
> *2. Es raro que Isabel no <u>haya venido</u> a clase.*

3. ¡Qué raro que no .... todavía el partido de fútbol, son ya las ocho y veinte. *(empezar)*

4. Es una pena que tu hijo no .... ir a la Universidad. *(querer)*

5. Es raro que vosotros no .... a Alicia, vive en vuestro bloque. *(conocer)*

6. Es raro que ella no .... nada de su marido. *(saber)*

7. Es raro que nosotros no .... de ese crimen. *(enterarse)*

8. Es una pena que los jóvenes .... drogas y alcohol. *(tomar)*

9. Es raro que él no .... todavía, es muy puntual. *(llegar)*

10. ¡Qué raro que (nosotros) no .... a los niños, ¿qué estarán haciendo? *(oír)*

11. ¡Qué pena que no .... mi colección de insectos, quizás la próxima vez. *(ver, vosotros)*

12. ¡Qué raro que él .... fumador. Es una persona muy sana en sus costumbres. *(ser)*

13. Es una pena que yo no .... más tiempo libre para pasarlo contigo. *(tener)*

14. ¿Tenéis prisa? ¡Qué pena que .... tan pronto! Podríamos hacer muchas cosas juntos. *(irse, vosotros)*

15. No es raro que lo .... del trabajo, no cumplía con los compromisos que tenía. *(despedir)*

16. ¡Qué raro que mi madre no .... al teléfono! Debería estar en casa. *(contestar)*

ejercicios

3. Escriba algunas frases más.

1. Es extraño que ....

....

2. No es raro que ....

....

3. ¡Qué pena que...

....

4. ¡Qué raro que..

....

5. ¿No es una pena que ....

....

Tema 21. Puntuación total ___ / 15

(NO) ESTÁ CLARO, (NO) ES OBVIO... + QUE + INDICATIVO o SUBJUNTIVO. (NO) ES LÓGICO, (NO) ES NECESARIO... + INFINITIVO / + QUE + SUBJUNTIVO

Observe

Está claro que hoy **llegas** tarde al colegio

¿Es necesario **regar** todos los días?

Bueno, depende. Ahora en invierno **no es necesario que reguemos** tanto

forma

(NO) ESTÁ CLARO		
(NO) ES OBVIO		
(NO) ES EVIDENTE	+ QUE +	INDICATIVO / SUBJUNTIVO
(NO) ES CIERTO		
...		

```
(NO) ES LÓGICO
(NO) ES DIFÍCIL
(NO) ES CONVENIENTE
(NO) ES NECESARIO          }     +     INFINITIVO / QUE + SUBJUNTIVO
(NO) ES NORMAL
(NO) ES MEJOR
(NO) ES POSIBLE
...
```

···· *USO* ··

Está claro, es obvio, es evidente, es cierto,... que

Las oraciones subordinadas y dependientes de estas frases pueden llevar el verbo en Indicativo o Subjuntivo:

> 1. Indicativo. Cuando la oración principal es afirmativa:
> **Está demostrado que el tabaco perjudica** *la salud.*

> 2. Indicativo. Cuando la oración principal es negativa e interrogativa:
> **¿No es verdad que la gasolina ha bajado** *de precio?*

> 3. Subjuntivo. Cuando la oración principal es negativa:
> **No está claro que el acusado sea** *culpable.*

Es lógico, es necesario, es posible,... (que)

Las oraciones subordinadas y dependientes de estas frases, pueden llevar el verbo en Infinitivo o Subjuntivo:

> 1. Infinitivo. Cuando la oración no tiene un sujeto personal. Son construcciones impersonales que expresan afirmaciones generales:
> **Es necesario ahorrar** *para el futuro.*
> **Es conveniente hacerse una revisión médica** *de vez en cuando.*

> 2. Subjuntivo. Cuando la oración subordinada tiene un sujeto personal:
> **Es necesario que ahorres** *para el futuro.*
> (tú)

ejercicios

1. Complete los huecos con uno de los verbos del recuadro.

es(2)	hay	tienen	ha aprobado	aprenden
sobran		han mejorado	suele	durará

> Ej.: *1. Es evidente que, en ese asunto, él* <u>*es*</u> *el responsable de todo.*

2. ¿Es verdad que ya no .... entradas para el concierto?

3. Está claro que algunas personas nunca .... de la experiencia.

4. Es obvio que a Julián le .... 30 kilos, por lo menos.

5. Está claro que, si sigue así, no .... mucho tiempo en ese trabajo.

6. Es evidente que los hijos de los vecinos no .... ni idea de modales.

7. Es obvio que los transportes públicos .... mucho en los últimos años.

8. ¿Es cierto que el Gobierno .... nuevas medidas contra el tráfico de drogas?

9. Está claro que la falsificacion de marcas famosas .... un negocio que mueve miles de millones al año.

10. Es obvio que la ropa vaquera .... gustar a todo el mundo, mayores y jóvenes.

2. Reescriba las frases anteriores en forma negativa.

Ej.: *1. No es evidente que, en ese asunto, él sea el responsable de todo.*
2. ¿No es verdad que ya no hay entradas para el concierto?

3. ....
....
4. ....
....
5. ....
....
6. ....
....
7. ....
....
8. ....
....
9. ....
....
10. ....
....

3. Escriba el verbo entre paréntesis en INFINITIVO o en el tiempo adecuado del SUBJUNTIVO. Recuerde cuándo debe añadir QUE delante.

Ej.: *1. No es necesario que vengas a ayudarme. (venir)*

2. Es difícil .... a ser rico. *(llegar)*

3. Es conveniente .... de viaje antes de las ocho para no encontrar caravana. *(salir, nosotros)*

4. No es justo que un enfermo .... que esperar varios meses para ser operado de cataratas. *(tener)*

5. No es lógico .... las tiendas durante tres horas a mediodía. *(cerrar)*

6. Yo creo que es necesario .... con la creencia de que la sanidad pública es mala. *(acabar)*

7. Es mejor .... de lo que pasó. Nadie tuvo la culpa. *(olvidarse, tú)*

8. Es necesario .... a trabajar más para sacar la empresa a flote. *(comprometerse, nosotros)*

9. ¿Tú crees que es normal .... los sueldos y los precios ....? *(bajar, subir)*

10. Es mejor .... y .... lo que dice el jefe. *(callarse, hacer, tú)*

11. No es justo .... unos .... tanto y otros, tan poco. *(tener)*

12. No es necesario .... a ayudarme. *(venir, tú)*

13. Para decorar una casa con gusto, no es necesario .... mucho dinero. *(gastarse)*

14. No es necesario que .... , no estoy sordo. *(gritar, tú)*

15. Es mejor .... hasta que os .... *(esperar, vosotros; llamar, ellos)*

16. No es necesario .... en hoteles de lujo para disfrutar de un viaje. *(alojarse)*

17. Es lógico .... su mujer lo .... *(defender)*

4. Escriba el verbo entre paréntesis en la forma más adecuada, INDICATIVO o SUBJUNTIVO.

Ej.: *1. Es lógico que <u>esté</u> enferma: no come nada y fuma y bebe sin parar. (estar, ella)*

2. Todavía no está claro que tu equipo .... la liga. *(ganar)*

3. Es evidente que Ernesto no .... ni idea de mecánica. *(tener)*

4. ¿Crees que es necesario que .... atrás? *(volver, nosotros)*

5. No es necesario que me .... lo que tengo que hacer. *(decir, tú)*

6. ¿Es justo que los demás .... más que yo por el mismo trabajo? *(ganar)*

7. ¿Es cierto que .... a cerrar la fábrica de coches? *(ir, ellos)*

8. Está demostrado que los hijos de madres trabajadoras .... más independientes que los hijos de amas de casa. *(ser)*

9. Es obvio que María y su padre no .... nada bien. *(llevarse)*

10. No es necesario que .... la puerta del garaje con llave. *(cerrar)*

11. ¿Es seguro que .... a venir hoy? *(ir, ellos)*

12. Está demostrado que las plantas .... más bonitas si les hablamos. *(crecer)*

13. Es obvio que este alumno no .... nada para el examen. *(prepararse)*

SER / ESTAR

Observe

> En esta pescadería **el pescado es** muy, muy fresco

> ¿Tú crees que este pescado **está** fresco?

1b

1a

---

forma

SER	
lógico	inocente
(in)justo	alegre
importante	egoísta
increíble	inteligente
conveniente	optimista
(in)necesario	culpable
(in)útil	trabajador

ESTAR
de buen / mal humor
enamorado, -a, -os, -as
enfadado, -a, -os, -as
enfermo, -a, -os, -as
harto, -a, -os, -as
bien / mal / fatal
preocupado, -a, -os, -as
prohibido
roto, -a, -os, -as
lleno, -a, -os, -as

SER / ESTAR			
nervioso	tranquilo	abierto	listo
bueno	malo	mejor	despierto
grave	aburrido	fresco	(in)seguro
joven	peor	(in)maduro	rico

···· *USO* ···

SER

1. El verbo **ser** nos sirve para definir e identificar personas y cosas:

> *Felipe **es alto / simpático / español / abogado / rico**.*
> ***Es el marido** de Luisa.*
> *Esta mesa **es de madera / moderna / grande / decorativa** y **es de Mercedes**.*

2. Para informar del lugar y la fecha de una celebración:

> *A. ¿Sabes **dónde es** el banquete de la boda?*
> *B. Creo que **es en el Restaurante Don Pedro**.*
> *El encuentro será en Abril.*

3. Para hablar de tiempo:

> *Hoy **es martes**.*
> ***Son las** siete.*
> *Vamos, date prisa, **es muy tarde**.*

ESTAR

1. Con el verbo **estar** podemos hablar del estado de ánimo de las personas o del estado de las cosas:

> *Ricardo hoy **está de buen humor** porque le han subido el sueldo.*
> *María siempre **está de mal humor** conmigo. No sé qué le he hecho.*
> *Alfonso, esta chaqueta **está sucia y rota**, tírala.*

2. Hablando de lugar:

> *A. ¿**Dónde está** mi agenda?*
> *B. Ni idea. No la he visto.*

3. Hablando de tiempo:

> *Vaya, ya **estamos a 25 de mayo**, cómo pasa el tiempo.*
> *Y pronto **estaremos en verano**.*

4. Con *bien / mal / fatal / cerca / lejos*:

> *Eso que haces **no está bien**.*

SER / ESTAR

1. En descripciones, con el mismo adjetivo, usamos **estar** para hablar de algo pasajero y **ser** para hablar de una cualidad:

> *Carlos **es un chico muy nervioso**.*
> *Carlos **está** hoy **muy nervioso**, no sé por qué.*

2. En otras ocasiones, el adjetivo cambia de significado si se usa con un verbo u otro:

> *Carlos **es un niño muy listo** (= inteligente).*
> *Carlos, ¿**estás listo** para salir? (= preparado).*

1. Escriba una frase con cada uno de los adjetivos siguientes. Piense primero qué verbo (SER o ESTAR) es el adecuado.

> Ej.: *1. amable*   SER
> _Ella dice que su jefe es muy amable_.

2. harto
....

3. increíble
....

4. culpable
....

5. prohibido
....

6. disgustado
....

7. inútil
....

8. trabajador

9. cansado
....

10. vacía
....

2. Complete estas frases con uno de los verbos (SER o ESTAR) en el tiempo más adecuado.

> Ej.: *1. No hay prisa, _es_ pronto todavía.*

2. .... a 19 de diciembre.
3. Anoche, cuando salimos del cine, ... demasiado tarde para cenar.
4. ¿Qué hora ....?
5. Ese libro .... de Luis.
6. .... en invierno.
7. Esta mesa no .... de madera, ... de plástico.
8. Cuando terminamos el trabajo .... casi las 2.
9. Alberto .... biólogo pero .... de camarero.
10. Fumar .... malo para la salud.
11. El padre de Ernesto .... médico y trabaja en un hospital.
12. Estos zapatos .... bonitos, pero me .... grandes.
13. Mi piso .... nuevo, pero .... sucio.
14. El caballo que le trajeron los Reyes .... grande y rojo.
15. Eso que has hecho .... mal.
16. El ascensor no funciona, otra vez .... estropeado.
17. El coche de Estrella .... aparcado cerca de aquí.
18. ¿Qué día .... mañana?

19. La inspiración del artista .... en la calle.
20. Esas frases .... mal, no .... correctas.
21. Posiblemente Picasso .... el pintor español más conocido.
22. La verdad .... que no sé cuándo volveremos.
23. La culpa .... de él.
24. El doctor no puede atenderle ahora, ... ocupado.

3. Complete las frases con uno de los verbos (SER o ESTAR) en el tiempo más adecuado.

Ej.: *1. Él ahora está dispuesto a retirar la acusación.*

2. Su vida privada siempre .... sólo suya.
3. Todo lo que hicieron .... inútil.
4. Diez años .... mucho tiempo.
5. A estas horas, todas las tiendas .... cerradas.
6. El café .... demasiado caliente, no puedo tomármelo.
7. Se casó con un viuda que .... muy rica.
8. Este perfume .... francés.
9. El accidente que tuvieron .... horrible.
10. Este licor .... digestivo.
11. No .... necesario que trabajes tanto.
12. No .... posible que él haya dicho eso.
13. La televisión .... rota.
14. Señor, el acusado .... inocente.
15. Este vestido todavía .... nuevo, pero .... pasado de moda.
16. Éste .... el compañero de Juan.
17. Mi madre ya no .... joven, pero .... muy bien conservada.
18. El examen del lunes .... difícil.
19. Esta blusa .... de seda auténtica.
20. ¡Oiga! ¿No ve que .... prohibido aparcar aquí?
21. Salir ahora a la calle .... de locos.
22. La reunión .... en el salón de actos.
23. No sabes lo importante que .... este trabajo para mí.
24. El mercado no .... lejos de aquí.
25. El banquete .... en el Restaurante Miramar.

4. Teniendo en cuenta el cambio de significado de algunos adjetivos según se usen con SER o ESTAR, complete las frases siguientes.

Ej.: *1. ¿Están todos listos para salir?*

2. Perdón, ¿................. libre esta silla?
3. Estos tomates no valen para el gazpacho, ... verdes.
4. Lola y Jesús .... buenos amigos míos.

aciertos__ / 36

5. Estas nueces no se pueden comer, no .... buenas.
6.   A: Y tu padre, ¿qué tal?
     B: .... mejor, gracias.
7. Federico, de joven, ... un chico muy alegre.
8. ¡Qué guapo .... con esa chaqueta!
9. La última novela de E. Maroto .... mucho mejor que la otra.
10. Este ballet .... muy romántico.
11. Los electrodomésticos de antes .... peores que los actuales.
12. Hoy, el pescado .... carísimo.
13. Ayer por la tarde .... aburridos y fuimos a dar un paseo.
14. El profesor me ha dicho que mi hijo .... muy listo.
15. En esta tienda, las cosas .... caras, pero ....
    muy buenas, de primera calidad.
16. Te he dicho que no .... bueno saltar después de comer.
17. Él no .... mal chico, pero ella tiene más cualidades.
18. ¿................. frescas ya las cervezas?
19. Ve mañana mismo al médico, si lo dejas más tiempo, ...
    peor.
20. Ana María .... muy libre de salir y entrar con quien quiera.

**5. Forme todas las frases que pueda tomando un elemento de cada
columna.**

1. Este profesor	maduros
2. El tabaco	abierta
3. Este periódico	los mejores amigos del hombre
4. La película	animada
5. Este pescado	parcial
6. Los plátanos	malo
7. La fiesta	aburrida
8. La ventana	soltero
9. Los perros	preocupado
10. El presidente	perjudicial
11. Nadar	sano
12. El atletismo	un deporte muy completo

SER
ESTAR

Ej.: *1. Este profesor es malo.*
     Este profesor está malo, está soltero, está preocupado, está
     sano.

2. ....
....
3. ....
....
4..
....
5..

6...

7...

8...

9...

10...

11...

12...

Tema 23. Puntuación total __ / 82

ORACIONES DE RELATIVO (1)

Observe

forma

ORACIONES DE RELATIVO

(antecedente) + QUE + INDICATIVO / SUBJUNTIVO

···· USO ··········

1. Las oraciones adjetivas de relativo están introducidas siempre por un enlace relativo. El más usado es **que**, tanto para personas como para cosas:

*Las mujeres **que están allí hablando** son españolas.*
*El libro **que compré ayer** está en la estantería.*

2. Estas oraciones pueden llevar el verbo en Indicativo o Subjuntivo:

1. Indicativo
Cuando se dice del antecedente (la persona, cosa o lugar al que se refiere el pronombre) algo seguro, constatado:
> *Ahora tengo un ordenador **que no funciona** bien.*
> *Las personas **que saben inglés** tienen más posibilidades de encontrar trabajo.*

2. Subjuntivo
- Cuando se dice del antecedente algo no bien definido o constatado:
> *Estoy buscando un ordenador **que funcione bien**.*
> *¿Hay alguien **que haya visto al asesino**?*

-Cuando negamos la existencia del antecedente o decimos que es escaso:
> *Aquí **no hay nadie que sepa inglés**.*
> *Conozco **poca gente que cocine** como ella.*

ejercicios

correcciones

1. Transforme las frases según el modelo.

> Ej.: *1. Ayer probé un plato nuevo. El plato tenía muchas especias.*
> *Ayer probé un plato nuevo que tenía muchas especias.*

2. Yo sólo vi salir a un hombre. El hombre llevaba una cartera negra.
....

3. A mí me dio el recado una mujer. La mujer tenía una voz muy grave.
....

4. Encontramos al fin una pensión. La pensión estaba en el centro.
....

5. Yo fumo estos cigarrillos. Tienen poca nicotina.
....

6. Juan ha alquilado una casa antigua. La casa es preciosa.
....

7. Ayer llamó a casa una chica. Ella no dijo su nombre.
....

8. Nos paró un policía. Él no era muy simpático.
....

9. Mis padres me compraron una bicicleta. Les salió muy barata.
....

10. El cristal lo rompió un chico. El chico salió corriendo.
....

11. Jesús lleva una cazadora de cuero. Le costó un ojo de la cara.
....

aciertos__ / 10

2. Relacione.

1. Buscan una secretaria
2. Necesito un sofá
3. Yo voy mucho a un cine
4. Estoy buscando un piso
5. Conozco a un chico   QUE
6. Quería un libro
7. Vimos un barco
8. He encontrado un piso
9. Les he pedido a mis padres una moto

a. traía miles de refugiados.
b. tenga recetas de cocina.
c. corra bastante.
d. está muy cerca del metro.
e. sea más céntrico.
f. pone películas en V.O.
g. se ha casado cuatro veces.
h. ocupe poco espacio.
i. sepa inglés y francés.

3. Escriba el verbo en la forma adecuada del Indicativo o Subjuntivo.

Ej.: *1. A mí no me gusta la gente que <u>grita</u> a todas horas. (gritar)*

2. Estamos buscando un apartamento que .... cerca de la playa. *(estar)*
3. Ernesto es el chico más amable que yo .... en mi vida. *(conocer)*
4. ¿Cómo se llama la canción que .... tocando ayer? *(estar)*
5. ¿Has encontrado ya las llaves que .... la semana pasada? *(perder)*
6. Me gustaría reservar una habitación que no .... a la calle principal. Es que el ruido me molesta mucho. *(dar)*
7. Si no tenemos suficiente dinero, mis padres nos prestarán el que nos .... *(faltar)*
8. Si necesitas papel, coge todos los folios que .... *(querer)*
9. La policía está buscando a los ladrones que .... el Banco Central la semana pasada. *(robar)*
10. Me han dicho que necesitan a alguien que .... experiencia en ventas. *(tener)*
11. ¿Has visto las fotos que .... el verano pasado? *(hacer, nosotros)*
12. Recomiéndame una película que no .... violenta, estoy harta de violencia. *(ser)*
13. Tráeme una cerveza, pero que no .... muy fría. *(estar)*
14. Buenos días, quiero un diccionario que se .... llevar en el bolsillo. *(poder)*

4. Siga el modelo.

Ej.: *1. escribir telenovelas*
         <u>¿Conoces a alguien que escriba telenovelas?</u>

2. tocar la gaita

....

3. bailar flamenco

....

4. saber hablar chino

....

5. vivir en Nueva York

....

6. tener caballos

....

7. coleccionar sellos

....

8. tener un camión

....

9. arreglar electrodomésticos

....

10. dar clases particulares de español

....

5. A continuación puede preguntar a un amigo-a y anotar sus respuestas o responder Vd. mismo las preguntas en forma afirmativa o negativa.

Ej.: *1. Sí, conozco a un chico / una chica que escribe telenovelas.*
    No, no conozco a nadie que escriba telenovelas.

2. ....
3. ....
4. ....
5. ....
6. ....
7. ....
8. ....
9. ....
10. ....

aciertos___ / 17

Tema 24. Puntuación total ___ / 49

ORACIONES DE RELATIVO (2)

Observe

---

forma

ORACIONES DE RELATIVO

(antecedente) + (preposición) + { QUE / DONDE / QUIEN / -ES } + INDICATIVO / SUBJUNTIVO

1. Los conectores más usados para introducir oraciones de relativo son:
> **que, donde, quien/-es**

2. En las oraciones relativas con preposición:
> 1. La preposición va siempre antes del pronombre:
> > *Mira, ésa es la profesora **de quien te hablé**.*
> > *Ésta es la calle **por donde pasarán** los Reyes Magos.*
>
> 2. Si el pronombre relativo es **que**, va precedido del artículo:
> > *Mira, ésa es la profesora **de la que te hablé**.*
> > *Ya están aquí los niños **a los que has llamado**.*
> > *Han clausurado la ventana **por la que entraron** los ladrones.*

3. En el caso de antecedente de persona, se utilizan indistintamente **el / la / los / las que** o **quien / quienes** si van con preposición:
> ***Los turistas a quienes vendí*** *el coche eran suecos.*
> ***Los turistas a los que vendí*** *el coche eran suecos.*

4. **Quien** sólo se usa cuando no hay antecedente o cuando va con preposición:
> ***Quien*** *bien te quiere te hará llorar.*
> *Es una persona **en quien** confío.*

5. Si el antecedente no se refiere a una cosa identificable, sino a una situación o idea, entonces se utiliza el artículo neutro **lo** delante de **que**:
> *¿**Qué es lo que** me querías decir?*

ejercicios

1. Complete las frases con los elementos del recuadro.

en la que vive Ernesto	donde compro normalmente
<u>con el que salía Maribel</u>	en la que dormimos
en el que nos alojamos	al que se refería el profesor
de quien te hablé ayer	en la que trabaja Jesús
con la que está hablando el camarero	

Ej.: *1. El chico <u>con el que salía Maribel</u> está casado.*

2. La mujer .... es una actriz famosa.
3. La empresa .... fabrica baterías para coches.
4. El supermercado .... ha cambiado de dueño.

5. Ésta es la compañera ....
6. El hotel .... está al lado de la playa.
7. La cama .... era muy incómoda.
8. La casa .... es del siglo pasado.
9. El libro .... no está en las librerías.

2. Complete las frases con los relativos (EL / LA / LOS / LAS, QUE, QUIEN, DONDE). A veces hay dos o más posibilidades.

> Ej.: *1. Todos <u>los que</u> estaban allí se quedaron mudos por la noticia.*

2. Este no es el trabajo para .... yo me había preparado.
3. Los chicos con .... salimos anoche eran asturianos.
4. No me gustan esas amigas con .... vas de vacaciones.
5. Hay un refrán que dice: " .... bien te quiere, te hará llorar".
6. Escuchadme un momento, chicas, ... vivan cerca, que se queden a recoger.
7. .... no esté de acuerdo, que lo diga.
8. Todos .... vayan a la presentación del libro, serán obsequiados con una pluma.
9. Por favor, ... hayan terminado de comer, que lleven sus platos a la cocina.
10. Aquí es .... conocí a Gabriela.
11. Éste es el editor de .... te hablé.
12. Cuando mis hijos eran pequeños, no tenía con .... dejarlos.
13. En esta casa, mi mujer es .... lleva los pantalones.
14. .... quiera salir antes de tiempo, que levante la mano.
15. Entre nosotras, ... diga que no tiene problemas, está mintiendo.
16. .... se fueron se salvaron, y .... se quedaron murieron por las bombas.
17. De las actrices actuales, ... más me gusta es Anita Pérez.
18. .... mal anda, mal acaba.
19. Ahora viene la escena en .... aparece el protagonista casi desnudo.
20. El primer chico a .... besé era mi vecino.

3. Escriba EL o LO en el hueco, según convenga.

> Ej.: *1. Haz exactamente <u>lo</u> que él te diga.*

2. Ese abrigo no es ...... que a mí me gustaba.
3. ¿Quién es ...... que dice eso?
4. ¿Qué es ...... que dices tú?
5. ¿Tú crees ...... que cuenta Pedro?
6. A mí, ... que me gusta es esquiar.
7. Quiero otro libro, ya me he leído ...... que me prestaste ayer.
8. ¿Qué es ...... que llevas en el cuello?

9. Tráeme aquél, ... que está a la derecha.

10. ...... que salga antes de la hora, no podrá volver.

11. Mari Carmen se traga todo ...... que sale en la tele.

12. Cuéntame todo ...... que sepas sobre ese asunto.

13. No hay más vino, te has bebido todo ...... que quedaba.

14. ...... que nace en Andalucía se llama andaluz.

15. No estoy de acuerdo con ...... que dijeron en el debate.

16. ¿Te gusta este collar? Es ...... que me regaló mi padre para mi boda.

17. Espero que te guste ...... que te he comprado para tu cumpleaños.

18. No estoy de acuerdo con ...... que dijo que la economía mejorará el año próximo.

aciertos___ / 10

Tema 25. Puntuación total ___ / 45

(NO) ME GUSTA / MOLESTA / IMPORTA... (QUE) + INFINITIVO o SUBJUNTIVO

 **Observe**

¿Te importa prestarme 6 euros?

Mamá, ¿**te importa que** Misi **pase** la noche en casa?

forma

(NO) ME GUSTA / IMPORTA / MOLESTA + INFINITIVO

(NO) ME GUSTA / IMPORTA / MOLESTA + QUE + SUBJUNTIVO

···· USO ··

Las oraciones subordinadas de verbos que expresan sentimientos como **gustar, importar, molestar, fastidiar,** etc., y que funcionan con los pronombres **me / te / le / nos / os / les**, pueden llevar el verbo en Infinitivo o Subjuntivo:

    1. Infinitivo. Cuando el sujeto lógico de los dos verbos es el mismo:
        No le gusta ni esquiar ni nadar.
        A mí **me fastidia llegar** *tarde*.

    2. Subjuntivo. Cuando el sujeto lógico de los verbos no es el mismo:
        A mi madre **no le gusta que yo esquíe**.
                      (ella)
        A mí **me fastidia que** *siempre* **llegues** *tarde*.
          (yo)   (tú)

ejercicios

correcciones

1. Haga preguntas como las del modelo.

    Ej.: *1. (madrugar)*
        ¿os gusta madrugar? o ¿les gusta madrugar?

2. (salir de noche)
....
....

3. (recoger conchas en la playa)
....
....

4. (conducir coches de carreras)
....
....

5. (ver amanecer)
....
....

6. (hacer parapente)
....
....

2. Ahora pregunte con ¿TE / LE MOLESTA QUE...?

    Ej.: *1. (pedir dinero prestado, ellos)*
        ¿Te / le molesta que te / le pidan dinero prestado?

aciertos__ / 5

2. (la gente, gritar)

....

....

3. (fumar en tu presencia, ellos)

....

....

4. (la gente, llegar tarde)

....

....

5. (no escucharte cuando hablas)

....

....

6. (tus amigos venir a tu casa a las tantas)

....

....

3. Pida permiso o un favor y utilice el tiempo que convenga.

Ej.: 1. .... *Estoy muy cansada.*
(A Vds., sentarse, yo)
<u>¿Les importa que me siente aquí?</u> Estoy muy cansada.

2. ¿............................. la música? Me duele la cabeza. *(Vds., bajar)*
3. ¿............................. un rato antes? Tengo que hacer un recado.
(A Vd., salir)
4. ¿............................. esta carta al correo? Yo no puedo. *(tú, echar)*
5. ¿............................. tu coche? El mío está en el taller. *(tú, prestar)*
6. ¿............................. tu falda negra? Yo no tengo ninguna. *(coger)*
7. ¿............................. chicle en clase? *(A ella, comer, vosotros)*
8. ¿............................. a los niños al colegio? *(A ti, llevar, yo)*
9. ¿............................. aquí las maletas hasta las 12? *(A Vd., dejar, nosotros)*

4. Complete las frases con el verbo en INFINITIVO o en SUBJUNTIVO. (Presente o Pretérito Perfecto). No olvide añadir QUE cuando sea necesario.

Ej.: 1. *No, no me molesta <u>que toques</u> la guitarra mientras yo estudio.*
(tocar, tú)

2. Me encanta .... seguir estudiando en la Universidad.
(tú, querer)
3. Le entusiasma .... en el coro. *(sus hijos, cantar)*
4. A Amparo le pone nerviosa .... tarde. *(yo, llegar)*
5. A mi marido le encanta .... sus plantas. *(cuidar, él)*
6. ¿No te da pena .... esta casa tan bonita? *(vender, tú)*
7. ¿Te molesta .... esta mañana tu cámara de fotos?
(coger, yo)

*aciertos*___ / 19

correcciones

8. A ellos no les importa .... menos dinero, tienen de sobra. *(ganar)*

9. ¿No te sorprende .... a Rubén lo .... del traba-jo? *(despedir)*

10. ¿A Vd. le pone nervioso .... de noche? *(conducir, Vd.)*

11. Adolfo, ¿te importa .... con este programa? No entiendo las instrucciones. *(ayudar, a mí)*

12. ¿Os importa .... primero al zoo y después al Planetario? *(ir, nosotros)*

13. ¿No te molesta .... en un lugar tan húmedo y tris-te? *(vivir, tú)*

14. A mí me molesta muchísimo .... en mi vida priva-da. *(meterse, la gente)*

15. A mis vecinos no les importa en absoluto .... dis-cutir. *(oír, nosotros, a ellos)*

aciertos____ / 9

5. Escriba algunas cosas que le gustan, le molestan o le ponen nervioso de Vd. y de los demás.

Ej.: *A mí me gusta que los amigos me llamen cuando me necesitan.*
A mí me gusta jugar a las cartas.
No me importa levantarme temprano.
A mí me pone nervioso que mi mujer corra mucho con el coche.
A mí me molesta mucho que me llamen por teléfono después de las 11.

....
....
....
....
....
....
....
....
....
....
....
....
....
....
....
....
....
....
....

(NO) PIENSO / CREO / ESTOY SEGURO DE... QUE + INDICATIVO o SUBJUNTIVO. (NO) SÉ + enlace interrogativo + INFINITIVO o INDICATIVO

Observe

forma

PIENSO / CREO / SUPONGO	+	QUE	+	INDICATIVO
NO PIENSO / NO CREO	+	QUE	+	SUBJUNTIVO

(NO) SABER +   SI / DÓNDE / CÓMO / QUÉ + INFINITIVO / INDICATIVO

1. Las oraciones subordinadas de verbos llamados de "entendimiento" -**creer, pensar, supo-
ner, imaginar**, etc.- pueden llevar el verbo en Indicativo o Subjuntivo:

    1. Indicativo. Cuando el verbo principal está en forma afirmativa:
        Supongo que te casarás *con Marisa, ¿no?*
           A. Y María, ¿no viene?
           B. No, ***creo que tiene*** *que terminar unas cartas.*

    2. Subjuntivo. Cuando el verbo principal está en forma negativa:
        Él no piensa que haya peligro *en lo que hace.*
           A. ¿Y María?
           B. ***No creo que venga****. Tiene que terminar unas cartas.*

2. Saber

    1. El verbo **saber** introduce oraciones interrogativas indirectas que llevan el verbo en
Indicativo:
        Sólo ***ella sabe si Ernesto está trabajando*** *en la misma empresa.*
        Ya ***sabemos a qué hora sale*** *el tren de Ávila.*

    2. Cuando va en forma negativa, la oración subordinada lleva el verbo en Infinitivo
o en Indicativo:
        No sabe qué hacer *con su hijo.*
        No sabemos por dónde vendrá *el tren.*

ejercicios

correcciones

1. Complete las frases con la mitad que aparece en el recuadro

debía olvidarla cuanto antes	la economía mejorará este año
ahora haya más delincuencia que antes	tarden mucho en llegar
<u>todavía es pronto para darte el alta</u>	hoy hay correo?

       Ej.: *1. El médico opina que <u>todavía es pronto para darte el alta</u>.*

2. Pensaba que..
3. No creo que...
4. ¿Estás segura de que ....
5. Yo no pienso que...
6. Los políticos creen que ....

aciertos___ / 5

2. Responda siempre en forma negativa.

Ej.: *1. A. ¿Tú crees que va a ganar las elecciones el Partido Conservador?*
   B. No, no creo que el Partido Conservador gane las elecciones.

2. A. ¿Tú crees que Diego sacará las oposiciones a notario?
   B. ....

3. A. ¿Tú crees que habrá atascos a estas horas en la carretera?
   B. ....

4. A. ¿Tú crees que Javier está muy enfermo?
   B. ....

5. A. ¿Tú crees que ahora hay rebajas en los grandes almacenes?
   B. ....

6. A. ¿Tú crees que lloverá el fin de semana?
   B. ....

3. Exprese su opinión contraria a la que le dan.

Ej.: *1. A. Ella está segura de que la empresa va mal.*
   B. Pues yo no estoy seguro de que la empresa vaya mal.

2. A. Yo creo que Antonio está loco.
   B. ....

3. A. Pienso que dejar el trabajo ahora es una locura.
   B. ....

4. A. Estamos seguros de que el perro sabrá volver a casa.
   B. ....

5. A. La Dirección opina que hay que comprar más ordenadores para la secretaría.
   B. ....

6. A. Ellos piensan que el papel reciclado es mejor.
   B. ....

7. A. Él está muy seguro de que su equipo ganará la liga.
   B. ....

4. Siga el modelo.

Ej.: *1. (Él / alquilar / el piso)*
   Yo creo que él ha alquilado el piso.
   Yo no creo que él haya alquilado el piso.

2. (Ellos / arreglar / el ascensor)
....
....

3. (Ella / vender / su coche)
....
....

4. (Ellos / salir de viaje)

....

....

5. (Su abuelo / morir / en la guerra)

....

....

6. (Ella / abandonar / a sus gatos)

....

....

5. *Subraye el tiempo más adecuado.*

Ej.: *1. Mucha gente piensa que las cárceles <u>sirven</u> / sirvan para reha-bilitar a los presos, pero no es cierto.*

2. Otros opinan que *hay / haya* que gastar más dinero en mejorar las con-diciones de los presos.
3. Nosotros no creemos que *hay / haya* que legalizar las drogas.
4. Otros creen que el tabaco y el alcohol también *son / sean* drogas.
5. No todos están seguros de que ese camino *lleva / lleve* hasta el río.
6. ¿Tú estás seguro de que ese cuadro lo *ha pintado / haya pintado* Federico?
7. Yo no opino como tú. No creo que a los niños *hay / haya* que com-prarles todo lo que piden.
8. Supongo que no *estarás / estés* enfadado por lo que te dije el otro día.
9. ¿Tú crees que *es / sea* verdad lo que cuenta Pepe?
10. Los técnicos no creen que el ciclista *llega / llegue* a la meta en esas condiciones.
11. Yo creo que a estas horas no los *encontrarás / encuentres* en casa.
12. La gente está segura de que la crisis *terminará / termine* pronto.
13. Nadie piensa que tú *tienes / tengas* la culpa.

6. *Complete las frases con los elementos del recuadro.*

dónde (2)	qué (2)	cómo
<u>si</u>	quién	por qué (2)

Ej.: *1. Yo no sé <u>si</u> Patricia ha terminado los estudios.*

2. Yo no sé .... estamos esperando.
3. No sabemos .... no han venido todavía.
4. Él no sabe .... quiere su padre de regalo.
5. ¿No sabes .... vive Federico?
6. Todavía no sabemos .... iremos de vacaciones este año.
7. No saben .... está tan nervioso su jefe.
8. ¿Vd. sabe .... llamó por teléfono?
9. ¿Vosotros sabéis .... se enteró él de la noticia?

ME GUSTARÍA + INFINITIVO
ME GUSTARÍA QUE + PRETÉRITO IMPERFECTO DE SUBJUNTIVO

Observe

forma

ME / TE / LE ... GUSTARÍA + INFINITIVO
ME / TE / LE... GUSTARÍA + QUE + PRETÉRITO IMPERFECTO DE SUBJUNTIVO

PRETÉRITO IMPERFECTO DE SUBJUNTIVO

Verbos en -ar (cant-ar)			Verbos en -er , -ir (beb-er, viv-ir)		
cant-**ara**	o	cant-**ase**	*raíz* + **-iera**	o	*raíz* + **-iese**
cant-**aras**	o	cant-**ases**	*raíz* + **-ieras**	o	*raíz* + **-ieses**
cant-**ara**	o	cant-**ase**	*raíz* + **-iera**	o	*raíz* + **-iese**
cant-**áramos**	o	cant-**ásemos**	*raíz* + **-iéramos**	o	*raíz* + **-iésemos**
cant-**arais**	o	cant-**aseis**	*raíz* + **-ierais**	o	*raíz* + **-ieseis**
cant-**aran**	o	cant-**asen**	*raíz* + **-ieran**	o	*raíz* + **-iesen**

···· USO ··

Las oraciones subordinadas de verbos de sentimiento pueden llevar el verbo en Infinitivo o Subjuntivo. (Véase tema 26.)

En el caso de que el verbo principal vaya en Condicional, el verbo subordinado puede ir en Infinitivo o en Pretérito Imperfecto de Subjuntivo:

> 1. Infinitivo. Cuando el sujeto de los dos verbos es el mismo:
> > *A ellos **les gustaría salir** más los domingos.*
> > ***Me gustaría llegar** pronto a casa.*

> 2. Subjuntivo. Cuando el sujeto de los dos verbos es diferente:
> > *A ellos **les gustaría que su hijo fuera** médico o abogado.*
> > ***Me gustaría que mis nietos llegasen** pronto a casa.*

ejercicios

correcciones

1. Entre estas siete frases, hay cuatro incorrectas; señálelas y corríjalas.

> Ej.: *1. A ella le gustaría no estuviera tan delgada. Incorrecta.*
> > *A ella le gustaría no <u>estar</u> tan delgada.*

2. ¿A ti te gustaría fueras médico?
....

3. Nos gustaría vivir en el Caribe.
....

4. A él le gustaría que le ascender en la empresa.
....

5. A nosotros nos gustaría compráramos un chalé en la sierra.
....

6. ¿A Vd. le gustaría que le robaran la cartera?
....

7. A ellos les gustaría que les tocara la lotería.
....

2. Complete las frases con el verbo en INFINITIVO o en PRETÉRITO IMPERFECTO DE SUBJUNTIVO. Recuerde cuándo debe añadir QUE delante.

> Ej.: *1. Me gustaría <u>que tú tuvieras</u> más paciencia con los vecinos.*
> > *(tener, tú)*

2. ¿Os gustaría .... la excursión? *(repetir, vosotros)*

3. A él le gustaría .... de trabajo, pero es muy difícil. *(cambiar, él)*

4. A ella le gustaría .... tanto con el coche. *(no correr, él)*

5. A nosotros nos gustaría que .... a los animales en extinción. *(respetar, ellos)*

6. ¿Te gustaría .... al cine mañana? *(ir, tú)*

7. ¿Te gustaría .... al cine mañana? *(ir, nosotros)*

8. Nos gustaría mucho .... a vivir cerca de nosotros. *(venirse, vosotros)*

9. A mí me gustaría .... las calles de Madrid más limpias. *(estar, ellas)*

10. No me gustaría nada .... a llover ahora. *(ponerse)*

11. A ella le gustaría .... el problema de la sanidad, ... listas de espera y .... los servicios. *(arreglarse, no haber, agilizarse)*

12. ¿A ti te gustaría .... un yate? *(tener, tú)*

13. Nos gustaría .... temprano para salir de viaje cuanto antes. *(desayunar, nosotros)*

14. Me gustaría .... menos la televisión. *(ver, vosotros)*

15. Nos gustaría .... nuestros hijos ....música. *(aprender)*

3. Exprese un deseo en cada situación.

> Ej.: *1. Eres una mujer trabajadora, con hijos, y tu marido no participa en las tareas de la casa.*
> <u>*Me gustaría que mi marido colaborara más en casa*</u>.

2. Eres un hombre muy ocupado en el trabajo. Te gusta mucho jugar al golf, pero no tienes tiempo.
....

3. Sois una pareja, con niños, queréis ir de vacaciones a Canarias, pero no tenéis bastante dinero.
....

4. Pronto será Navidad, y necesitas urgentemente cambiar de ordenador. Tus padres pueden regalártelo.
....

5. Eres atleta. Dentro de dos años se celebrarán las Olimpiadas.
....

6. Parece que va a llover. Habéis planeado una salida a la playa para mañana.
....

7. Vosotros queréis que unos amigos vengan de vacaciones a vuestra casa.
....

8. Vives en una ciudad y no te gusta. Te gusta mucho el campo.
....

4. Exprese cinco deseos personales con ME GUSTARÍA y ME GUSTARÍA QUE. Pueden ser posibles o imposibles.

Ej.: *1. Me gustaría aprender a pilotar un avión.*
      Me gustaría que vinieras a mi casa el domingo.

2. ....
....
3. ....
....
4. ....
....
5. ....
....
6. ....
....

COMPARATIVOS y SUPERLATIVOS

Observe

1

Este camino **es más peligroso** de lo que yo creía

2

Esta obra de arte **vale más de** cien millones de pesetas

3

¡Jo, David qué gracioso eres!

David **es muy gracioso**

Es la persona **más graciosa** de la empresa

Sí, sí, **graciosísimo**

Yo creo que es la **persona más graciosa** que he conocido

forma

COMPARACIÓN

De los adjetivos

*María no es **tan alta como** su hermana.*

Positivo	Comparativos regulares				
alto,-a,-os,-as	**más**	+	adjetivo	+	**que**
	menos	+	adjetivo	+	**que**
	tan	+	adjetivo	+	**como**

Positivo	Comparativos irregulares		
bueno,-a,-os,-as	**mejor, mejores**	+	**que**
malo,-a,-os,-as	**peor, peores**	+	**que**
grande,-es	**mayor, mayores**	+	**que**
pequeño,-a,-os,-as	**menor, menores**	+	**que**

De los sustantivos

*Ellos tienen **tanto dinero como** nosotros.*

Verbo	+	**más**	+	sustantivo	+	**que**
Verbo	+	**menos**	+	sustantivo	+	**que**
Verbo	+	**tanto,-a,-os,-as**	+	sustantivo	+	**como**

Adverbial

*Mi hijo **estudia tanto como** el tuyo.*

Verbo	+	**más que**
Verbo	+	**menos que**
Verbo	+	**tanto como**

Son irregulares:

	Comparativo
bien	**mejor**
mal	**peor**

SUPERLATIVOS

Absoluto

*Maribel es **muy guapa** y **simpatiquísima**.*
*Mis padres viven **muy cerca**, bueno, **cerquísima**, en la casa de al lado.*

muy + adjetivo / adverbio /
Raíz del adjetivo / adverbio + **-ísimo**

Relativo

*Tu regalo es **el más bonito de todos**.*
*Tu regalo es **el más bonito que he recibido**.*

el / la / los / las + **más / menos** + adjetivo + **de / que**

···· uso ···

Comparativos

1. Tenemos adjetivos comparativos irregulares, como **superior, inferior, anterior** y **posterior**, que han perdido en parte su valor de comparación:

*El número de parados es **superior a tres millones de personas**.*

2. Se utiliza la preposición **de** para introducir la segunda parte de la comparación en los casos siguientes:

1. Cuando hablamos de una cantidad determinada:
*Ese coche le ha costado **más de** doce mil euros.*

2. Cuando la comparación está basada en un adjetivo y la frase que sigue empieza por **lo que**:
*Este ejercicio es **más difícil de lo que** yo pensaba.*

3. Cuando la comparación está basada en un nombre y además es cuantitativa, sea con un número exacto o no:
*Ernesto siempre compra **más bolígrafos de los que** necesita.*
*Al final gastamos **más dinero del que** pensábamos.*

Superlativo

1. El **superlativo absoluto** destaca una característica del sujeto, sin compararlo con otros. Se puede formar añadiendo **-ísimo** a la raíz del adjetivo o del adverbio:
*El niño de los vecinos es **malísimo**.*
*Esa librería que dices está **cerquísima**.*

Algunos se forman irregularmente:
antiguo   **antiquísimo**

2. También se puede formar con el adverbio **muy** más el adjetivo positivo. Los adjetivos que son muy largos suelen formar así el superlativo:
*El niño de los vecinos es **muy malo**.*
*Esta noticia es **muy importante / importantísima**.*

Pero,
*Laura tiene una personalidad **muy atractiva**.*

3. El **superlativo relativo** sirve para destacar una característica del sujeto, comparándolo con los demás de su misma especie o grupo:
*Joaquín es **el más listo de su clase**.*
***Es la persona más amable que he conocido** en mi vida.*

 *ejercicios*

1. Complete las frases con los elementos de los recuadros.

| tan / tanto / tanta / tantos / tantas |

partidos	libros	chocolatinas	vago	inteligente
incómodo		difícil	cara	nerviosa

Ej.: *1. En Madrid, en verano, no hace <u>tanto calor</u> como yo pensaba.*

2. Nunca había visto un sofá .... como éste.
3. Ana Mª no es .... como ella piensa.
4. Yo creo que el equipo de Andrés no ha ganado .... como él dice.
5. Espero que trabajes más y no seas .... como tu hermano.
6. Hoy no estoy .... como la última vez que me examiné.
7. Al final, la comida no ha salido .... como yo pensaba.
8. El examen de Filosofía no fue .... como esperábamos.
9. A mí me parece que tú has comido .... como yo.
10. No creo que hayas leído .... como dices.

2. Escriba las formas correspondientes del superlativo.

Ej.: *1. Encontrar algo en este mapa es <u>dificilísimo</u>.*

2. La comida te ha salido .... *(buena)*
3. Ella trabaja .... *(poco)*
4. Las pirámides de Egipto son .... *(antiguas)*
5. Julita se casó con un chico .... *(rico)*
6. Juanjo se ha comprado una casa .... *(grande)*
7. Esta composición no es breve, es .... *(breve)*
8. Ella dice que sus hijos son .... *(inteligentes)*
9. Pero, ¡qué .... es este niño! *(listo)*
10. Este ejercicio es ...., ¿no? *(fácil)*

3. Complete la frases con DE o QUE.

Ej.: *1. Este bolso es más caro <u>que</u> el que me regaló mi marido.*
2. El hotel nos ha salido más barato <u>de</u> lo que yo pensaba.

3. Madrid tiene más .... tres millones de habitantes.
4. Santiago y Sonia son más ricos .... lo que parecen.
5. Esperaba que viniera más gente .... la que vino.
6. Lo compré por menos .... 30 euros.
7. Confía en su médico más .... lo que debe.
8. Estos niños tienen más juguetes .... los que necesitan.
9. Encontrar un trabajo es más difícil .... estudiar una carrera.
10. Yo vivo un poco más cerca .... tú de la escuela.
11. Es una secretaria más atractiva .... eficaz.
12. Este icono es más antiguo .... el que vimos ayer.

correcciones

13. En clase no se admiten más .... 30 alumnos.
14. No pude encontrar en el cajón más .... 18 euros.
15. La película esta es mucho peor .... la otra.

4. Complete las frases con los comparativos del recuadro.

peores	mejor (2)	peor(2)	mejores	mayor	menor

Ej.: *1. Los calamares del otro día eran malos, pero éstos son <u>peores</u>.*

2. A. ¿Y tu madre, ya está buena?
   B. Sí, está ...., gracias.
3. ¿Es que no tienen unos zapatos .... que éstos? Éstos se van a romper a los tres días de usarlos.
4. Mi padre es el .... de sus hermanos y tuvo que empezar a trabajar muy pronto.
5. Yo creo que esta niña cada vez va .... en el colegio. Otra vez ha suspendido tres asignaturas.
6. Para ver ...., ponte las gafas.
7. A veces dicen que "es .... el remedio que la enfermedad".
8. Soledad era .... que yo y por eso estudiaba un curso anterior al mío.

5. Siga el modelo.

Ej.: *1. Yo nunca había conocido a un chico tan pesado.*
   <u>Es el chico más pesado que he conocido (en mi vida)</u>.

2. Yo nunca había visto un pez tan grande.
....
3. Yo nunca había oído una canción tan bonita.
....
4. Yo nunca había conocido una mujer tan cariñosa.
....
5. Yo nunca había probado una moto tan rápida.
....
6. Yo nunca había leído un libro tan malo.
....
7. Yo nunca había conocido unas personas tan encantadoras.
....

aciertos__ / 16

6. Con estos elementos forme frases con comparativos y superlativos.

Ej.: *1. elefante   león   jirafa   mono*
   <u>La jirafa es menos lista que el mono</u>.
   <u>El mono es más inteligente que el elefante</u>.

> *El elefante es el más grande de los cuatro.*
> *El león no es tan alto como la jirafa.*

2. uvas   naranjas   limones   piña

....
....
....
....

3. Rolls Royce   Mercedes   Volvo   Porsche

....
....
....
....

4. Madrid   México   París   Buenos Aires

....
....
....
....

5. vino   cerveza   ginebra   gaseosa

....
....
....
....

6. natación   ciclismo   fútbol   esquí

....
....
....
....

Tema 29. Puntuación total __ / 44

ORACIONES CONDICIONALES

Observe

Si **te levantas** tarde, **llegas** tarde

¿Qué quiere decir?

Debe de ser: ¡Si conduce, no beba!

Si yo **fuera** Ministra de Educación **prohibiría** los programas violentos

Si no **corrieras** tanto no nos **pondrían** tantas multas

forma

ORACIONES CONDICIONALES

	Oración subordinada	Oración principal
Posibles	SI + PRESENTE DE INDICATIVO	PRESENTE DE INDICATIVO FUTURO IMPERATIVO
Irreales, poco probables	SI + PRET. IMPERFECTO DE SUBJUNTIVO	CONDICIONAL

1. Las oraciones condicionales posibles suelen construirse con el Presente en la oración subordinada (introducida por **si**) y el Futuro, Presente o Imperativo en la oración principal:

> *Si ella viene*, le **diré** la verdad.
> *Si podemos, vamos* a casa de tu hermano.
> *Si ves a Cristina, dale* recuerdos de mi parte.

2. Las oraciones condicionales irreales o poco probables se construyen con el Imperfecto de Subjuntivo en la subordinada (introducida por **si**) y el Condicional en la principal:

> *Si tuviera* tiempo, **haría** algún deporte.

ejercicios

correcciones

1. Complete el cuadro.

	PRET. IMPERFECTO DE SUBJUNTIVO	CONDICIONAL
Ej.: 1. TENER	*tuviera*	*tendría*
2. SER		
3. PODER		
4. VENIR		
5. IR		
6. SALIR		
7. FUMAR		
8. ESTUDIAR		
9. BEBER		
10. HACER		
11. PONER		
12. ESCRIBIR		
13. DORMIR		

2. Relacione.

Si

1. Manuel tuviera vacaciones
2. estudiaras más
3. encontrara otro trabajo
4. te levantaras antes
5. mi madre viviera cerca
6. durmieras suficiente
7. no hiciera tanto frío

a. ahora no tendrías sueño.
b. no llegarías tarde siempre.
c. aprobarías.
d. haríamos un viajecito.
e. le dejaría al niño.
f. dejaría éste.
g. saldría a dar un paseo.

aciertos___ / 30

correcciones

3. Subraye el verbo que no corresponda.

Ej.: 1. Si yo _fuera_ / sea Ministro de Educación, prohibiría los programas violentos en la televisión.

2. _Sembraríamos_ / sembraremos las patatas si lloviera pronto.
3. Si mi madre _estuviera_ / estará mejor de salud, me ayudaría en casa.
4. Yo _iría_ / iré más a tu casa si vivieras más cerca.
5. Si _hiciera_ / hará buen tiempo, iríamos a pescar este fin de semana.
6. ¿_Bailarías_ / bailarás con Antonio si él te lo pidiera?
7. Si _tuviéramos_ / tendríamos vacaciones en invierno, iríamos a esquiar.
8. _Trabajaría_ / trabajara más a gusto si me subieran el sueldo.
9. Si los niños _serían_ / fueran mayores, podríamos dejarlos solos y salir por la noche.

4. Siga el modelo.

Ej.: 1. (hacer ejercicio / estar en forma).
Si hicieras ejercicio, estarías en forma.

2. (no llover / salir a dar una vuelta, yo)
....
3. (saber informática / encontrar un trabajo, tú)
....
4. (ganar más dinero / poder cambiar de piso, vosotros)
....
5. (querer / poner su propia empresa, ellos)
....
6. (tener tiempo / aprender a tocar algún instrumento, yo)
....
7. (tener dinero / invitarte a cenar en un restaurante, yo)
....
8. (¿tocar la lotería / dejar de trabajar?, tú)
....
9. (poder / irse a una isla, yo)
....

5. Ponga el verbo en el tiempo adecuado.

Ej.: 1. Si _te levantaras_ más temprano, no llegarías tarde al trabajo. (levantarse)
2. Si .... mal, ve al médico. (encontrarse)
3. .... este sillón si fuera más pequeño. (comprar, nosotros)
4. Si .... tiempo, iré a verte. (tener)
5. Si ...., no saldremos a la calle. (nevar)
6. Si .... por el quiosco, compra el periódico. (pasar)

_aciertos___ / 21

7. Si .... a Víctor, dile que me llame. *(ver)*

8. Si me .... llámame. *(necesitar)*

9. .... acabar la carrera, si quisieras estudiar. (poder)

10. Si .... hambre, hazte un bocadillo. *(tener)*

11. Si no .... tanto, tendrías más tiempo para estar con tu familia. *(trabajar)*

12. Si mi jefe se enterara de que llego a estas horas, me .... *(despedir)*

13. Si no corrieras tanto cuando conduces, no te .... tantas multas. *(poner)*

14. Si no .... ya la aspiradora, devuélvesela a Concha. *(necesitar)*

15. Si no .... tantas películas de terror, no tendrían luego pesadillas. *(ver)*

aciertos___ / 9

6. Complete las frases.

1. Si yo viviera en Andalucía, ...

2. Si no me doliera tanto la cabeza,.....................................

3. Si él fuera más guapo, ...

4. Iría más a verte si tú ....

5. Si no estás a gusto en ese trabajo, ...

6. Yo saldría de noche si ....

7. Yo hablaría mejor el español si ....

8. Si tenemos suerte, ...

9. Si yo fuera Presidente del Gobierno...............................

Tema 30. Puntuación total ___ / 60

ORACIONES CONCESIVAS

---

forma

AUNQUE   +   INDICATIVO / SUBJUNTIVO

USO

1. Las oraciones subordinadas concesivas introducidas por **aunque** pueden llevar el verbo en Indicativo o Subjuntivo:

    1. Se prefiere el Indicativo:

-Cuando hablamos del pasado:

> *Aunque regaba las plantas todos los días, se han secado.*
> *Ayer, aunque no tenía ganas, fui al cine.*

-Cuando hablamos del presente o futuro. Especialmente usamos Indicativo si el hablante está muy seguro de la "concesión", o si ésta indica una dificultad real:

> *Aunque tiene ya 92 años, mi abuelo está estupendamente.*
> *Aunque no sabe nada de pedagogía, la han contratado como profesora.*
> *Aunque hace mucho frío, no quiere ponerse el gorro.*
> *Aunque estoy muy cansada, esta tarde iré a la fiesta.*

2. Se prefiere el Subjuntivo:

-Cuando hablamos del futuro. Usamos Subjuntivo cuando no estamos seguros de la concesión, o cuando ésta indica una dificultad potencial:

> *A. ¿Te vas a casar con Antonio? Pero si es muy mayor.*
> *B. Bueno, aunque sea mayor, pienso casarme con él.*

> *Aunque esté cansada, saldré a cenar con los demás.*
> *Este verano, aunque no tenga dinero, iré a París.*
> *Aunque te lo pida de rodillas, no vayas a su boda.*

2. Cuando la concesión es poco probable o imposible que se cumpla, usamos el Pretérito Imperfecto de Subjuntivo en la oración subordinada, y el Condicional en la oración principal. Compare las tres posibilidades:

> *Aunque me pagan poco, trabajo ahí.*
> *Aunque me paguen poco, trabajaré ahí.*
> *Aunque me pagaran poco, trabajaría ahí.*

3. En algunas ocasiones, es una elección del hablante usar el Indicativo o Subjuntivo. Observe los ejemplos:

> *Yo, aunque soy / sea pobre, soy feliz.*
> *A. ¿Vas a salir?, hace un tiempo horrible.*
> *B. Bueno, no me importa, aunque haga / hace mal tiempo voy a salir a dar una vuelta.*

ejercicios

correcciones

1. Complete las frases con los elementos del recuadro.

haga mucho frío	pagaran muy bien	yo quisiera	yo quiera
esté cansada	no terminemos esta noche	nunca he estado en Francia	
nunca había visto a tu hermana		sólo tiene 3 años	

Ej.: *1. Aunque <u>nunca he estado en Francia</u> hablo francés bastante bien.*

2. Aunque .... saldremos de casa.
3. Aunque .... debemos intentarlo.

aciertos__ / 2

4. Aunque .... habla ya perfectamente.
5. Aunque .... iré a la excursión de mañana.
6. Aunque .... no puedo obligar a Pepe a prepararse esas oposiciones.
7. Aunque .... no podría volver a mi país.
8. Aunque .... yo nunca haría ese trabajo.
9. Aunque .... la reconocí enseguida por la foto.

2. Observe las frases del ejemplo y haga lo mismo con las siguientes.

> Ej.: *1. (yo / tener hambre / no cenar)*
> *Aunque tengo hambre, no voy a cenar.*
> *Aunque tenga hambre, no cenaré.*
> *Aunque tuviera hambre, no cenaría.*

2. (no tener dinero / ir a París)
....
....
....

3. (llover / salir)
....
....

4. (este coche / ser viejo / funcionar bien)
....
....

5. (él / comer mucho / no engordar)
....
....

6. (ella / trabajar en la sexta planta / no coger el ascensor)
....
....

7. (vosotros / ser rico / no ser feliz)
....
....
....

3. Complete las frases con el verbo en el tiempo más adecuado. Algunas veces hay más de una posibilidad.

> Ej.: *1. Aunque hace / haga calor, no abras la ventana. (hacer)*

2. Aunque ella te lo ...., no le compres helados a la niña. *(pedir)*
3. Amparo, aunque .... cinco años de Hostelería, no sabe cocinar. *(estudiar)*

4. Yo creo que nunca aprobaré, aunque .... 10 horas diarias. *(estudiar)*
5. Aunque yo se lo ...., no me hizo caso. *(advertir)*
6. Aunque le ...., hay que decirle la verdad. *(doler)*
7. Aunque .... el viaje hasta el último detalle, todo salió mal. *(preparar, nosotros)*
8. Aunque me .... mucho la música, no sé tocar ningún instrumento. *(gustar)*
9. Aunque la calefacción .... muy alta, yo sigo teniendo frío. *(estar)*
10. Yo nunca dejaría mi trabajo, aunque me .... la lotería. *(tocar)*
11. Aunque no le .... mucho, Marta decidió aceptar el trabajo. *(pagar)*
12. Aunque .... un taxi, no llegaremos a tiempo. *(coger, nosotros)*
13. Aunque yo siempre .... las plantas, se me estropearon todas. *(regar)*
14. Es un médico muy amable, aunque .... muy ocupado, siempre te escucha atentamente. *(estar)*
15. No pienso volver con él, aunque me lo .... de rodillas. *(pedir)*

aciertos__ / 12

Tema 31. Puntuación total __ / 40

CONCORDANCIA DE TIEMPOS EN LAS ORACIONES SUBORDINADAS

Observe

forma

CORRELACIÓN DE TIEMPOS VERBALES
INDICATIVO-SUBJUNTIVO

Verbo de la Oración Principal	Verbo de la Oración Subordinada en Subjuntivo
Presente de Indicativo Pret. Perfecto de Indicativo Futuro Imperativo	Presente de Subjuntivo o Pretérito Perfecto de Subjuntivo
Pret. Imperfecto de Indicativo Pret. Indefinido Condicional Pret. Pluscuamperfecto de Indicativo	Pret. Imperfecto de Subjuntivo

···· USO ···

1. En el caso de las oraciones subordinadas que llevan Subjuntivo (las **sustantivas** que dependen de verbos como: **(no) querer / (no) creer, (no) esperar, (no) gustar, encantar, molestar**, etc.; **finales** con diferente sujeto que la principal; algunas **concesivas** con **aunque**, etc.), existe una correlación de tiempos fija entre el verbo de la oración principal y el de la subordinada:

> *Quiero que vengas* a la reunión para informarte.
> > *He querido que vengas* a la reunión para informarte.
> > > *Quise que vinieras* a la reunión para informarte.

> *Espero que llegue* a tiempo a la fiesta.
> > *Esperaba que llegara* a tiempo a la fiesta.
> > > *Espero que haya llegado* a tiempo a la fiesta.

> *No creo que esté* enfermo.
> > *No creí que estuviera* enfermo.
> > > *No creo que haya estado* enfermo tantos días.

> *Me molesta que no haya llamado* por teléfono.
> > *Me molestó que no llamara* por teléfono.

> *Me encanta que me escribas* poemas.
> > *Me encantaría que me escribieras* poemas.
> > > *Me encantará que me escribas* poemas.
> > > > Pepe siempre me *pedía que* le *grabara* cintas.

> *Díselo para que lo sepa*.
> > *Se lo diré para que lo sepa*.
> > > *Se lo he dicho para que lo sepa*.
> > > > *Se lo dije para que lo supiera*.

> *Lo está haciendo aunque no le gusta*.
> > *Lo hará aunque no le gusta*.
> > > *Lo hará aunque no le guste*.
> > > > *Lo ha hecho aunque no le haya gustado*.

2. No obstante, podemos encontrar otras correlaciones:

> *No creo que él estuviera* en casa cuando sucedió todo.
> *Me sorprende que no te llamara* el domingo pasado.

 *ejercicios*

1. Reescriba las frases en pasado, como en el ejemplo.

Ej.: *1. Me alegro de que te acuerdes de mí.*
Me alegré de que te acordaras de mí.

2. No quiero que trabajes tanto.
   No quería ....

3. No creo que la policía sospeche de él.
   No creía..

4. Espero que seas más prudente con lo que dices.
   Esperaba..

5. Me extraña que sus empleados estén contentos.
   Me extrañó ....

6. Mis amigos quieren que vayamos a Brasil esta Semana Santa.
   Mis amigos querían...

7. Prefiero que él no venga conmigo.
   Preferí ....

8. Es lógico que los alquileres suban tanto como el coste de la vida.
   Era lógico ....

9. Espero que comprendas mi decisión.
   Esperaba..

10. La policía no cree que el atentado sea obra de unos terroristas.
    La policía no creyó ....

11. Sólo quiere que le cambien la batería del coche.
    Sólo quería ....

2. Subraye el verbo adecuado.

   Ej.: *1. No me gusta que andas / <u>andes</u> / andaras sin zapatos.*

2. Nadie cree que tú y yo *estamos / estemos / estaremos* casados.
3. Los padres no creían que el niño *necesita / necesite / necesitara* ayuda.
4. Dame eso, no quiero que *vas / vayas / fueras* cargada.
5. Fue al médico para que le *receta / recete / recetara* morfina.
6. Ya sé que *estás / estés / fueras* soportando mucha presión, pero no creo que *es / sea / fuera* para tanto.
7. Ellos creían que el tren *llegará / llegaría / llegara* a su hora.
8. Muchos españoles todavía piensan que las labores del hogar *son / sean / fueran* cosas de mujeres.
9. Yo de pequeña creía que la vida *era / fuera / será* mejor.
10. No os llamé para que no os *asustéis / asustarais / asustaréis*.
11. Me gustaría que no *saldrás / salgas / salieras* tanto de noche.
12. A ellos les molesta que no les *consultas / consultes / consultarás*.
13. ¿Necesitas que *traigo / traiga / trajera* algo más?
14. Antes no me molestaba que la gente *fuma / fume / fumara* delante de mí, pero ahora sí.
15. ¿Estáis seguros de que este aparato *funciona / funcione / funcionara* con gasolina?
16. Esperaba que me *aviséis /avisaréis / avisarais* antes de hacer algo.
17. Era necesario que se *pongan / pondrán / pusieran* de acuerdo todas las partes implicadas en el conflicto.
18. A ella le extrañó que no le *dijiste / digas / dijeras* nada.
19. ¿Vd. cree que la nueva ley de arrendamientos *es / sea / fuera* mejor que la otra?

3. Complete las frases siguientes con el verbo en el tiempo y modo más adecuados (INDICATIVO o SUBJUNTIVO).

Ej.: *1. Yo ya suponía que él estaría enfadado. (estar, él)*

2. Nadie creía ...... Mateo .... tan lejos como ha llegado. *(llegar)*
3. Supongo que ya .... de las últimas noticias. *(enterarse, tú)*
4. Espera ...... sus hijos .... a ser grandes artistas. *(llegar)*
5. Preferiría ...... no .... de lo nuestro con nadie. *(hablar, tú)*
6. Estábamos seguros de ...... nuestro equipo .... *(ganar)*
7. Esperábamos ...... los carpinteros .... pronto. *(volver)*
8. Mi madre quería ...... Fernando .... en la Escuela Militar. *(ingresar)*
9. No estaba seguro de .... a verme. *(venir, Vd.)*
10. No me parece necesario .... a buscarla al colegio todos los días. *(ir, Vd.)*
11. No me gustaría .... vuestro pasado. *(olvidar, vosotros)*
12. No era lógico ...... yo .... que recoger a la chica herida y llevarla al hospital. *(tener)*

aciertos__ / 11

4. Complete libremente las frases.

1. Yo no quería que tú ....
2. Esperaba..
3. Me gusta que..
4. No me gustaría que ....
5. Supongo que ....
6. Prefiero ....
7. No estoy seguro-a de ....

Tema 32. Puntuación total __ / 40

Ejercicios complementarios sobre textos narrativos

1. En la narración que sigue, subraye la forma más adecuada.

LA CASA DE CAMPO

José y su mujer, Cristina, *querían / quisieron* vivir en el campo porque *estaban / estuvieron* hartos de la contaminación y el ruido de los coches de la ciudad. Así que un día se *compraban / compraron* una casa de campo antigua, a pocos kms. de Madrid. Como no *tenían / tuvieron* mucho dinero, José *decidía / decidió* repararla él solo. El primer día, cuando *estaba / estuvo* pintando los techos, José se *caía / cayó* de la escalera, pero afortunadamente, no se *hacía / hizo* nada importante, sólo algunos moratones. Como *era / fue* época de siembra, pensó que sería bueno plantar ya algunas hortalizas para comerlas en verano, recién cogidas. Después de trabajar duramente con la azada todo el día, sólo *conseguía / consiguió* preparar dos pequeños surcos para media docena de lechugas. Por su parte, Cristina tampoco *era / fue* muy feliz. La casa no *tenía / tuvo* las comodidades que *disfrutaba / disfrutó* en su piso: no *disponía / dispuso* de lavavajillas o aspiradora y además, todo *estaba / estuvo* más sucio por el polvo. Después de cinco meses de vida campestre, los dos *estaban / estuvieron* agotados, sólo *pensaban / pensaron* en un piso en la ciudad. Así que *decidían / decidieron* vender la casa y marcharse a vivir a la ciudad otra vez, con la contaminación y el ruido de los coches.

2. Coloque los verbos siguientes en su lugar correspondiente del texto.

era (2), había comenzado, había nacido, inició, tenía, se defendía, perdió, optó, es, se dedicaban, fueron trasladados, ganó, hicieron, desarrolló, perteneció, está, fue hallado.

NECROLÓGICAS

Luis Habichuela,
guitarrista flamenco

Falleció en Madrid, súbitamente, el guitarrista flamenco Luis Habichuela. Según nuestras informaciones .... (1) muerto anteayer, creyéndose que la causa pudo haber sido un infarto.

Luis Carmona Carmona .... (2) en Granada en 1947, y ...... (3) el tercer hermano de esa gran dinastía de guitarristas flamencos de los Habichuela. El mayor, y actual jefe de la familia ...... (4) Juan, el segundo Pepe y el menor Carlos. También sus hijos .... (5) al ejercicio del arte flamenco. Luis .... (6) como cantaor, y en calidad de tal .... (7) su carrera profesional, a los 14 años, en una compañía cuya estrella ...... (8) la bailaora La Chunga. .... (9) gusto para el cante y .... (10) muy bien en cualquier estilo, pero después .... (11) la voz y .... (12) por la guitarra,

siguiendo los pasos de su padre, Tío José Habichuela, y de sus hermanos.

Como tocaor flamenco, Luis Habichuela .... (13) gran prestigio acompañando al cante y al baile con justeza y acierto tales que le .... (14) ser el preferido de muchos cantaores. .... (15) un tramo importante de su vida profesional tocando en los tablaos madrileños Torres Bermejas, Los Canasteros, Arco de Cuchilleros, Las Brujas y Café de Chinitas. También .... (16) a diversas formaciones teatrales, la última de ellas la del Ballet Nacional de España.

La familia Habichuela, tan conocida y estimada en los ambientes flamencos, ... (17) recibiendo numerosísimas muestras de condolencia y solidaridad, a las que unimos la nuestra. Los restos mortales de Luis .... (18) a Granada para su inhumación.

1. ....
2. ....
3. ....
4. ....
5. ....
6. ....
7. ....
8. ....
9. ....
10. ....
11. ....
12. ....
13. ....
14. ....
15. ....
16. ....
17. ....
18. ....

3. Complete el texto con los verbos de los recuadros en el tiempo adecuado.

CONFIDENCIAS SOBRE
IÑAKI GABILONDO

hacer	formar	nacer	estudiar	ser (3)
cumplir	cantar	dormir		poder

1 Iñaki Gabilondo ......1...... en San Sebastián el 19 de octubre de 1942. Es Libra.

2 Su padre ...2... carnicero, pero su familia no .....3...... permitirse el lujo de comer demasiada carne. Iñaki es el segundo de nueve hermanos y a pesar de ser una familia humilde, su infancia .....4...... muy feliz.

3 Hasta que .....5...... diecisiete años, ...6....... dos hermanos en cada cama.

4 ....7...... Periodismo en la Universidad de Navarra. Para ganar algún dinero, ...8..... en el Orfeón Pamplonés de música coral.

5 Más tarde .....9...... el grupo musical Aralar con unos amigos. .....10..... versiones de Los Platers. Iñaki ..11.. el cantante.

irse	regresar	acabar	ofrecer	casarse
empezar	contraer	ser		recuperarse

6 Cuando .....12...... sus estudios le ....13.... la oportunidad de su vida: una beca para estudiar un año en París.

7 ....14....... con Mayte Egaña en 1967, y en 1968 ......15..... a la capital francesa, en plena revolución estudiantil.

8 En 1969 .....16...... a España e Iñaki ..17.. nombrado director de Radio Popular de San Sebastián.

9 Poco después ....18........ a trabajar en la SER, con el programa *Hoy por hoy*, que dirige actualmente.

10 Al nacer su tercer hijo, Mayte ......19....... una grave enfermedad, de la que nunca ....20......... .

morir(2)	tener	estudiar
ponerse	poder	ser (3)

11 Con su mujer enferma, en cama, Iñaki no .....21..... evitar enamorarse de la periodista Lola Carretero.

12 En 1981 (un año nefasto para Iñaki), ...22....... su mujer y su suegro con tan solo 24 horas de diferencia.

13 En el intento de golpe de Estado del 23 de febrero, Iñaki ...23.. director de informativos de TVE. Por primera vez, ...24....... ante las cámaras y estuvo muy nervioso. Después ...25... cesado.

14 Su padre ......26..... en 1992. ..27... un golpe durísimo para Iñaki.

15 ...28.... tres hijos de su matrimonio con Mayte: Iñaki, abogado de 25 años, Ainoa, de 23 años, y Urko, de 22 años, que ......29....... Periodismo.

presentar	ser(2)	casarse
emocionar	comentar	ir

16 ....30....... con Lola Carretero el 23 de marzo de 1993.

17 ....31............. y dirigido los espacios de televisión *En* *familia* e *Iñaki, los jueves*. Actualmente es reponsable de **Gente de primera**, que se emite los martes en TVE 1.

18 Le gustan los toros y ......³²....... cuando tiene tiempo.

19 Le .....³³...... la ópera. Otras de sus aficiones ...³⁴.. la lectura y el deporte.

20 ..³⁵.. aficionado al fútbol, y en alguna ocasión ....³⁶............: "Llevo los colores de la Real Sociedad en el alma".

22 Sus motes más conocidos ..³⁷.. Iñaki de Calcuta o Sor Gabilondo, por su forma de hacer radio.

23 ....³⁸........ un montón de cartas de sus admiradoras, pero nunca las ....³⁹......... .

24 ....⁴⁰........ mucho tiempo intentando dejar de fumar, y hace poco lo ....⁴¹.......... .

25 ......⁴²...... una cicatriz en el labio, debido a una de sus correrías de la infancia.

contestar	tener	recibir
estar	ser	conseguir

21 Suele pasar sus vacaciones de verano en Menorca, con su familia.

4. Aquí aparecen tres historias diferentes de padres sobre sus hijos pequeños. Subraye el verbo más adecuado.

"Mi hijo Arturo, de ocho años, *me dio / daba* el mayor disgusto de mi vida hace unos meses -comenta Elvira. *Hemos estado / estábamos* en el supermercado y *me paré / paraba* un rato a hablar con una amiga. De pronto *vi / veía* cómo el niño se *ha metido / metía* un paquete de chicles en el bolsillo y *ha venido / venía* hacia mí con toda naturalidad.

En ese momento no *había sabido / supe* qué hacer y *había decidido/decidí* actuar como si no hubiese pasado nada hasta que llegamos a casa. Una vez a solas le *castigué / castigaba*. Ahora me asusta pensar que haya podido robar en otras ocasiones o que continúe haciéndolo en el futuro."

"Loli me *tuvo / ha tenido* muy preocupada -nos dice su madre-. Siempre *fue / ha sido* una niña muy buena y generosa con todos, pero desde que *empezó / empezaba* a ir al colegio *se volvió / volvía* muy desobediente. No había manera de que ordenara su cuarto, se *peleó / peleaba* continuamente con su hermano pequeño y casi siempre *dijo / decía* que le *dolió / dolía* la cabeza o la pierna cuando le *tocó / tocaba* ayudar en casa. *Fui / iba*

al colegio y, para mi sorpresa, la profesora me *dijo / ha dicho* que allí se *portó / portaba* estupendamente. Tuve que hablar seriamente con ella varias veces hasta que *aprendía / aprendió* que en casa también *tuvo / tenía* que ser buena y generosa."

"No hace mucho *tenía / tuve* una discusión con mi mujer porque me *cambió / había cambiado* de sitio unos papeles muy importantes de mi trabajo -nos dice Francisco-. *Estuve / estaba* tan nervioso que le *decía / dije* algunas cosas algo subidas de tono sin darme

cuenta de que nuestro hijo Iván, de seis años, *se encontró / encontraba* en la habitación. Al poco, *escuché / escuchaba* asombrado cómo el crío le *repitió / repetía* las mismas palabras a su hermana Patricia (de 4 años) porque *estuvo / estaba* revolviendo sin cesar en su cesto de juguetes.

5. Complete esta historia con el verbo que aparece entre paréntesis en el tiempo más adecuado

UN AÑO EN PARÍS

Cuando (terminar, yo) .... de estudiar en la Universidad, (irse) .... a París. Al principio no (tener, yo) .... trabajo y (vivir) .... del poco dinero que me (mandar) .... mi familia, así que (ser) .... bastante pobre: (comprar) .... siempre lo más barato y jamás (poder, yo) .... coger un taxi, siempre (ir) ...... en metro o andando.

Luego (encontrar, yo) .... un trabajo de profesora de español en una academia. Me (pagar, ellos) .... una miseria, pero juntándolo con lo de mi familia, (tener) .... suficiente para ir de vez en cuando al cine o a algún restaurante. (Trabajar)...................... más de ocho horas diarias y (ser) ...... agotador.

En la academia (conocer)................ a Thomas, un irlandés que (dar) .... clases de inglés, (ser) ...... vegetariano y (pasarse)................. todo el día hablándonos de su vida sana y natural. Pero los demás (seguir) .... fumando sin parar y yo especialmente (acordarse) .... del jamón serrano tan rico que hay en España.

Me acuerdo de un día, en que (estar, yo) .... tomando una cerveza en un bar de Pigalle y (entrar) .... un viejo, ciego y muy mal vestido, acompañado de un niño de unos 12 años, también con la ropa muy usada. El viejo (ponerse) .... a recitar con voz lastimera una historia que (hablar) .... de amor y de celos. El dueño del bar le (interrumpir) .... y le dijo que (callarse) ...., pero Thomas (salir) .... en defensa del ciego y le (contestar) .... al dueño que el ciego no (hacer) .... daño a nadie y que lo (dejar) .... terminar.

Mientras, el niño (pasar) .... entre los clientes con una caja de cartón. Cuando el ciego (terminar) .... su historia, (marcharse) .... Éstas (ser) .... algunas anécdotas de mi vida en París en donde (estar) .... un año. Luego (volver) .... otra vez a Madrid.